房地产销售精英情景演练

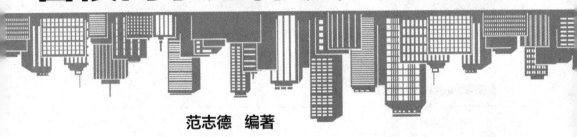

SHOU LOU GAO SHOU ZHE YANG SHUO ZHE YANG ZUO

售楼高手这样说，这样做

范志德　编著

当代世界出版社
THE CONTEMPORARY WORLD PRESS

图书在版编目（CIP）数据

售楼高手这样说，这样做 / 范志德编著 .—北京：当代世界出版社，2018.6
ISBN 978-7-5090-1397-7

Ⅰ . ①售… Ⅱ . ①范 Ⅲ . ①售房 – 经验 Ⅳ . ① F293.35

中国版本图书馆 CIP 数据核字（2018）第 108212 号

售楼高手这样说，这样做

作　　者	范志德
出版发行	当代世界出版社
地　　址	北京市复兴路 4 号（100860）
网　　址	http://www.worldpress.org.cn
编务电话	（010）83908456
发行电话	（010）83908409
	（010）83908377
	（010）83908423（邮购）
	（010）83908410（传真）
经　　销	新华书店
印　　刷	三河市腾飞印务有限公司
开　　本	710mm×1000mm　1/16
印　　张	14.5
字　　数	206 千字
版　　次	2018 年 8 月第 2 版
印　　次	2018 年 8 月第 1 次
书　　号	ISBN 978-7-5090-1397-7
定　　价	39.80 元

售楼人员，房地产销售人员，可以说是众多行业推销员中的超级推销员。一般的商品从数十元至几千元，而卖出一套房少则几十万元，多则数百上千万元。既然是超级推销员，当然就要有更为高超的销售技巧了。何况，随着房地产市场逐步走向成熟以及国家对房地产调控的不断加码，万人排队争相购房、一日售罄的场景已经远去，楼盘的素质以及售楼人员的销售技巧成为在激烈的竞争中取胜的关键因素。

您听说过"二八定律"吗？二八定律也叫巴莱多定律，是19世纪末20世纪初意大利经济学家巴莱多提出的。他认为，在任何一组东西中，最重要的只占其中一小部分，约20%，其余80%的尽管是多数，却是次要的。定律的特点，是可证的，而且已经被不断证明。经济学家说，20%的人手里掌握着80%的财富；心理学家说，20%的人身上集中了人类80%的智慧；管理学家说，企业往往是20%的人完成80%的工作，创造80%的财富……在售楼中，同样存在着"二八定律"。一个销售团队中，20%的人完成80%的业绩，谁都想成为这20%中的一员，但如何才能跻身到这个队伍中呢？有什么可以帮助尽快成功的经验吗？

物理学家费曼说过，数学从某种意义上来讲就是计数。

一种方式，你可以像古人一样通过一颗一颗地数豆子来计数，还有一种方式，就是你花几天或者几年的时间学习一些计算技巧，而依靠这些技巧可帮助你数得更快。可以这么说，第一种方式的售楼人员，通常就是占80%却只完成20%业绩的人，不可否认他们的吃苦耐劳，但一味地依靠勤奋并不一定能出业绩；而第二种方式的售楼人员，往往就是只占20%却完成80%业绩的人，他们懂得寻求某种方法，提高做事技巧，从而让自己具有更好的应变能力及效率。而这些人，往往是各开发商、各楼盘拿着高薪、高提成的销售精英。

那么，如何才能成为只占20%却完成80%业绩的人群中的一员呢？俗话说，站在巨人的肩膀上可以看得更远。同样，学习前辈们的成功经验，吸取他们的经验教训，往往是售楼人员提升销售能力的一个绝好途径。为了帮助读者快速掌握售楼技巧，提升把握客户的能力，以获取更好的业绩，我们依托多年的售楼工作经验和销售培训经验，总结了售楼过程中的常见问题，通过几十个活生生的情景案例，以"情景再现＋错误应对＋情景解析＋正确应对示例"的方式，全方位展示了售楼人员应对各种销售问题的方法、技巧。通过这些情景案例，读者有如身临其境，充分感受到售楼的工作场景，并学会如何应对这些场景，如何与客户进行有效的沟通，如何避免出现不该犯的错误。要知道，有时候，即使是一点小错误，都有可能让你失去一单即将到手的生意。

由于编者水平有限，书中难免有不足之处，恳请广大读者批评指正。

目 录

第二章　楼盘推介情景演练

第三章　处理异议情景演练

第四章　讨价还价情景演练

第五章　促成交易情景演练

第一章
接待客户情景演练

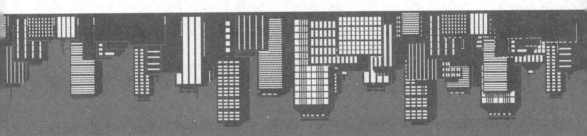

情景一：

客户表情冷漠，不爱搭理售楼人员

在接待客户的过程中，难免会遇到一些冷漠的客户，对于售楼人员的问候不理不睬。在这种情况下，售楼人员该如何让客户敞开心怀，获取客户的好感呢？

错误应对

1. 先生，我给您介绍介绍吧。我们楼盘……

（**点评**：不管客户的排斥情绪，紧跟客户，滔滔不绝地讲解，很有可能会赶走客户。）

2. 你不搭理我，我也不搭理你。

（**点评**：很显然，这种斗气的做法是无法取得销售佳绩的。要知道，客户的冷漠，并不是针对某个售楼人员，可能是他本能的一种自我保护，也可能是他的性格就是如此。）

3. 觉得客户没有诚意，扔下客户不管，转身去接待另一位客户。

（**点评**：如此对待客户，会导致客户的不满情绪。任何一个潜在客户都是不能轻易放弃的。）

情景解析

客户对售楼人员的问候不理不睬，排斥售楼人员的接待，要么是性格的问题，要么是因为客户对售楼人员怀有戒备心理，担心被售楼人员忽悠。

其实，人们在任何时间和场所都会潜意识地筑起一道自我保护的"围墙"，而围墙内就是人们的自我空间。这个自我空间是不容侵犯的，如果有人入侵了，他就会产生不安和威胁的压力感。因此，在接待客户的时候，售楼人员必须尊重客户的安全地带（即客户的自我空间），而不能随意地侵犯。这个道理其实很简单，就像你到朋友家里玩，除非主人邀请，否则你是不可以随意进入他的卧室的。

所谓"尊重客户的安全地带"，是指有些客户在看房时，喜欢自己看，而不喜欢售楼人员的接近和销售介绍。如果你遇到这种类型的客户，那你就要尊重他的选择，不要强闯客户的"安全地带"，也就是不要刻意地上前解说，以免给客户带来不安和反感。正确的接待方式就是礼貌地让客户自由参观，而自己站在两三米外的地方，静候客户的求助信号。

其实，这种类型的客户在我们的日常生活中随处可见。有些人去逛商场，她总喜欢自己看，而如果导购不识趣地、过分热情地上来推介（尤其是有促销小姐时），她都会很反感地走开。但是，当她发现了一件她很喜欢的衣服并且需要向营业员询问某些问题也就是寻求帮助时，如果这时找不到导购，那她的购买欲望马上就会大大降低。

正确应对示例1

售楼人员："您好，欢迎光临××世纪城。先生，请这边坐。"

（客户对售楼人员的问候不予理睬，自顾自地到沙盘区参观）

售楼人员："先生，看来您对房地产很熟悉，那我不打扰您看沙盘了，如果有什么需要，您可以随时叫我。"

正确应对示例 2

　　售楼人员："您好，欢迎光临 ×× 世纪城。先生，请这边坐。"

　　（客户对售楼人员的问候不予理睬，自顾自地到沙盘区参观）

　　售楼人员："先生，最近我们楼盘刚推出几套优惠房，您有兴趣了解一下吗？"

情景二：

售楼人员要为客户讲解，客户却说"我随便看看"

按照销售流程，当客户来到售楼处，售楼人员首先要为客户讲解楼盘的情况。可是，有些客户面对热情的售楼人员却丝毫"不领情"，而是以一句"我随便看看"回应售楼人员。对此，售楼人员该如何接近客户呢？

错误应对

1. 好的，那您随便看看吧。

（**点评**：显然，这样应对太过消极，不够热情主动，很有可能客户"随便看看"就离开了，从而失去了一个潜在客户。）

2. 那好，您随便看看，有需要可以叫我。

（**点评**：和上一种应对方式没有太大区别。在销售中，主动的应该是售楼人员，而不是客户。）

3. 觉得客户没有诚意，扔下客户不管，转身去接待另一位客户。

（**点评**：很显然，这样应对说明售楼人员觉得该客户没有购房意愿，或者不愿意花心思花精力去接待该客户，选择了放弃。这种潦草应付客户的做法，容易让客户觉得自己受到了忽视，从而对售楼人员产生不满。其实，客户说"随便看看"，并不是表示客户没有诚意，可能是客户的性格不喜欢售楼人员在边上指指点点。)

　　4.寸步不离地跟着客户。

　　（**点评**：客户已经说明要自己"随便看看"，售楼人员还寸步不离地跟着客户，会让客户觉得不自在，从而给客户造成更大的压力。）

情景解析

　　作为售楼人员，热情接待客户是职责所在，是必须且必要的。但对于客户就不一样了，客户有权选择自己喜欢的购房决策方式。而且，很多客户在与售楼人员接触时，都会抱着防备的心理，害怕自己一不小心就落入售楼人员的"手中"，成了一只待宰的羔羊。因此，虽然售楼人员热情接待，还是有些客户会以"随便看看"应对。

　　具体分析起来，客户想自己随便看看，无非有以下几种情况：第一种情况是客户本能的防备心理，想自己先熟悉一下售楼处的环境，或者跟在别的客户后面先行了解情况；第二种情况是客户有些紧张，不想一进售楼处就直接面对售楼人员，而是通过随便看看消除紧张情绪；最后一种情况，就是客户可能是还没有明确的购房打算，只是路过售楼处进来逛逛。

　　无论是哪种情况，客户是上帝，所以他可以说"随便看看"，但售楼人员却不能随便地对待客户，而是要引导客户购买，否则就失去了存在的意义了。当然了，既然客户已经表明自己想要"随便看看"，售楼人员就不能寸步不离地跟着客户，否则这种"热情过度"的接待会让客户更感觉到不安，给客户造成更大压力。

　　既不能随便对待客户，又不能寸步不离地跟着客户，那该如何接待呢？有一个简单的方法，那就是适当地与客户寒暄几句，给接下来的销售沟通添加点"润滑剂"。所谓"寒暄"，其实就是寻找一个客户感兴趣的话题共同讨论，营造一个轻松的聊天氛围，从而自然而然地拉近彼此之间的距离，再适时地把话题引入正题。对于销售而言，寒暄就好比是乐曲的过门儿，巧妙的寒暄是交谈的"润滑剂"，是销售洽谈最好的铺垫，旨在创造出一种和谐的销售气氛。

寒暄的关键在于话题的选择。其实，寒暄并没有绝对的界限，凡是能引起对方兴致的话题都可以作为寒暄的话题。俗话说，"酒逢知己千杯少，话不投机半句多"，最安全的寒暄话题就是天气和客户的专长喜好了。试想一下，如果别人在不经意间谈到你的专长爱好，你是不是会产生一种莫名的亲切感，甚至会产生倾诉的欲望，滔滔不绝讲个不停？因此，在销售洽谈之前，我们售楼人员要尽量设法了解客户的专长爱好，并以此为突破口与客户闲聊，以赢得客户的好感。聊天气就更是强保险，因为人人都可以感受得到，也符合中国人的聊天习惯。

虽然寒暄只是随意的聊天，内容也五花八门，但是如果你是精心准备或仔细观察后，针对客户的兴趣和爱好"下药"，那就能快速营造轻松、融洽的氛围，并让客户产生好感。中国不是有句俗话么，"到什么山唱什么歌，见什么人说什么话"。想成为一名优秀的售楼人员，最好能在平时就培养广泛的兴趣和爱好，信息量越大，就越容易找到共同话题。

有一点非常重要，在售楼活动中，并非什么话题都可以拿来寒暄，有一些话题是禁忌，是碰不得的，比如政治、个人隐私、他人坏话等。据说在美国，女婿和岳父什么都谈，就是不谈政治，避免因为立场不同而产生口角，所以大家都避而不谈。此外，如果客户身上有明显的缺陷，谈话内容最好不要涉及该方面，这容易伤害客户的自尊心，客户不好过，我们一样好过不了。最后，对于自己不熟悉的话题也不应该谈，否则很可能画虎不成反类犬，被客户认为"穷显摆"，对销售一点儿好处也没有。

正确应对示例 1

售楼人员："您好，欢迎光临××花园。先生，请问您想看看什么样的户型呢？"

客　　户："我就是随便看看。"

售楼人员："先生，听您的口音，好像是北方人吧？"

客　　户："嗯，我是山东的。"

售楼人员："巧了，我媳妇也是你们山东的。山东现在很冷了吧？前几天我媳妇打电话回家，说那边最近大幅降温，都开始穿毛衣了。"

客　　户："是呀，还是南方暖和，我父母想退休后过来这里生活，所以让我先看看哪个楼盘住起来舒适点。"

售楼人员："是呀，厦门这地方很适合养老，这不，前几天我还接待了一个东北来的客户，他们买了一套2号楼的三室。先生，您准备买几室的呢？"

正确应对示例2

售楼人员："您好，欢迎光临××花园。先生，请这边坐。"

客　　户："不用了，我随便看看。"

售楼人员："先生，看您这身材，是不是经常运动啊？"

客　　户："还好吧，没事经常和朋友去打打篮球。"

售楼人员："难怪啊，身材这么强壮。我们这个楼盘靠近体育馆，以后您打篮球可方便了。"

客　　户："嗯，我就是想找找这一带的房子，还可以经常看看球赛之类的。你们这有120平方米左右的三室吗？"

正确应对示例3

售楼人员："您好，欢迎光临××花园。先生，请这边坐。"

客　　户："不用了，我随便看看。"

售楼人员："先生，您来得真巧，我们公司十周年庆酬谢新老客户，推出了三十套特价房，我给您介绍介绍吧？"

情景三：

客户看了看沙盘，什么话都没说就转身打算离开

有些客户，来到售楼处之后，走马观花式地看了看沙盘，拿了点资料，就什么话都不说转身打算离开。对于这种情况，售楼人员该如何留住客户呢？

错误应对

1. 请慢走，欢迎下次光临。

（**点评**：很有礼貌，不过如此轻易地放弃一个客户，确实不应该，那会失去很多提升业绩的机会。）

2. 先生，这么快就看完了？我给您介绍介绍吧。

（**点评**：没有任何吸引力，无法让客户留下来。）

3. 来玩的吧。（小声嘀咕）

（**点评**：没有礼貌，如果让客户听到，会导致客户的不满。）

情景解析

客户在售楼处停留的时间越长，对楼盘的情况了解得越多，就越容

易产生购买欲望，售楼人员也就越有机会说服客户。因此，在不强留的情况下，售楼人员应让客户尽可能地在售楼处多待一会儿。

应该说，客户既然来售楼处，即使不是想马上买房，也是想多多了解楼盘情况。客户一言不发转身想要离开，说明楼盘还没引发他的兴趣，这时候，要想留下客户，最为重要的是引起客户对楼盘的关注。比如，采取主动请教的态度，探询客户的意见，通常情况下，当售楼人员询问时，出于礼貌，客户也会有所回应，这样就可以打开话题了，售楼人员也就有机会向客户做详细介绍了；或者也可以制造一些悬念，吸引客户的兴趣。

正确应对示例 1

售楼人员："大姐，我能请教您一个问题吗？"

客　　户："什么问题？"

售楼人员："很多客户来到售楼处，都会了解一下小区规划、户型结构和价格等情况。我看您转了一圈就要走，是不是我们有什么方面做得不到位？"

客　　户："也没什么，我想买一套大点的房子，可是转了一圈发现你们这边好像都是小户型的。"

售楼人员："大姐，不好意思，这可能是我们售楼处的设计不周。其实，我们楼盘也有一些大户型的，只是没有做成模型展示出来。来，我给您介绍一下……"

正确应对示例 2

售楼人员："大姐，请您先别急着走，既然来了，买不买没关系，多了解了解楼盘也没坏处。我给您详细介绍一下我们楼盘的情况吧。"

客　　户："不用了。"

售楼人员：大姐，您可知道，现在××区最好的小学要搬到哪里吗？"

客　　户："哪里？"

售楼人员："就在我们楼盘对面。您看，对面那些房子是不是都在拆迁？就是因为这块地要划给××实验小学了，下半年就要动工了。"

客　　户："哦，不会吧？真的要搬过来了？"

情景四：

客户是朋友或熟人介绍来的，不知该如何接待比较好

有人帮忙介绍客户是好事，不过有时候也够让售楼人员头疼的。相比起来，大家更乐意接待老客户介绍来的新客户，而对朋友或熟人介绍来的客户却感到左右为难，尤其有些客户不了解行情，不理解售楼人员，明明已经尽最大努力给了最大优惠，还嫌售楼人员不够意思。面对这类特殊的客户，该如何接待比较好呢？

错误应对

1. 和接待其他客户一样，一视同仁。

（**点评**：和接待其他客户一样接待朋友或熟人介绍来的客户，很容易招致对方的不满，甚至会招致朋友或熟人的不满。）

2. 让其他同事帮忙接待。

（**点评**：朋友或熟人给你介绍客户，你却推给其他同事，以后谁还敢介绍客户给你呢？）

3. 直接告诉客户，只能帮这么多了，如果可以就买。

（**点评**：话是实在，不过这也要看对方的性格。如果是朋友或熟人自己前来，这样接待倒还好；但是朋友或熟人的朋友，这样接待对方可能会

认为你不乐意接待他，不乐意帮助他。）

情景解析

　　朋友或熟人介绍客户给你，首先你要对其表示感谢，适当的时候打电话通知他，感谢他对自己的信任和支持，并表示会尽最大努力让客户满意。其次，多了解一些这位新客户的信息，如购买意向、预算、性格，等等，正如兵家所云：知己知彼，百战不殆。

　　和新客户初次见面，可以直接称呼其"陈先生／陈总"以拉近距离。接待要表现出十足的热情，不时地夸一下朋友或熟人的优点，说一些"张先生是个很豪爽的人，对人很好"之类赞美的话。同时，感谢他们的信任，表示"既然您是张先生介绍来的朋友，我肯定会尽心尽力为您服务的"。然后仔细询问客户的需求，结合先前从"张先生"那里获取的信息，有的放矢地向他推荐。但是，不要轻易作出承诺，因为最后承诺不能实现的话，不仅会对销售不利，还会影响朋友或熟人对你的好印象。

　　销售进入价格谈判阶段时，新客户肯定会要求你帮忙说话以及房价打折。情况允许的条件下，可以为其争取一些优惠。如果你想让新客户成为你的忠诚客户或者让其继续介绍朋友来的话，不妨耍一些小手段。当客户要求折扣的时候，你要表现出为难的样子，保证会尽量为其争取，然后让经理给他打电话，说"公司研究决定通过 ×× 售楼人员的申请报告，给你优惠 ×××，这是最大让步了"。这样一来，客户就能感受到你的真诚，你的朋友或熟人也会觉得你够朋友、够义气。

正确应对示例 1

　　售楼人员："张总，您好您好。虽然没见过面，但您的大名我可是经常听到啊，王强经常在我面前提起您，说您为人实在，而且事业做得很大。"

客　　户："哪里啊，还是王总的生意大，我这只是小打小闹混口饭吃而已。"

售楼人员："张总，您可真谦虚。对了，张总，您这次准备买多大的房子？"

客　　户："三室的吧。小陈，我对房地产可是外行，你可要好好帮我选一套好房子哦。"

售楼人员："放心吧，张总，您是王强的朋友，也就是我的朋友。我一定会尽力的。"

正确应对示例2

售楼人员："张总，您觉得这套1106的怎么样？"

客　　户："嗯，这几套中还是1106最好，楼层高，户型也不错。就是价格太高了，你看看能不能再优惠点？"

售楼人员："张总，您放心，我给您的已经是最优惠的价格了。您也知道，我们这个楼盘销售得很好，现在三室的也就剩十来套了。"

客　　户："每平方米18000元，还是有点贵啊。你帮我看看能不能找你们经理再优惠点呢？"

售楼人员："现在的房价的确高，像您这样事业有成的能买得起，我就不敢去想了。这样吧，大家是朋友，我肯定会尽力帮您的，我再去向经理申请看看。不过，我只能尽力哦，不知道经理会不会同意。"

情景五：

高峰时期需要同时接待多位客户

　　在楼盘热销时期，或者在开盘、促销活动期间，售楼人员经常会面对同时要接待两位或两位以上客户的情形。在这种情况下，该如何才能做到顾此又不失彼呢？

错误应对

　　1. 先放下眼前的客户，马上去招待新客户。

　　（**点评**：新来的客户没问题了，可是放下眼前的客户，会让该客户感觉自己受到忽视，从而产生不满。）

　　2. 专心接待眼前的客户，让新来的客户自己先看看或等待。

　　（**点评**：可能你觉得"先来后到"是个理，但客户可不这么认为，一旦受到冷落，他就会心生不快，甚至转身就走。）

　　3. 一会招呼这位客户，一会儿招呼另外一位客户。

　　（**点评**：做法是没错，几个客户都要兼顾，问题是如何妥善安排好每一位客户，需要售楼人员根据情形应变。）

情景解析

实践中，售楼人员经常会遇到需要同时接待多位客户的情形，尤其是在开盘日、促销活动期间。

对于这种情形，安顿客户是最为重要的一环。安顿客户的目的，是尽量不让客户受冷遇。每一位来到售楼处的客户，都希望自己得到重视和应有的服务。如果售楼人员在接待的时候顾此失彼，就有可能得罪其中的某位客户。

应该说，同时接待多位客户是非常考验售楼人员的协调能力和临场应变能力的。通常情况下，应对该情形的最好方式就是"接一顾二招呼三"，即手中接待先来者，目光照顾次来者，嘴里招呼后来者，让客户时刻感觉自己的服务和热情，使客户皆能满意服务，赢得客户赞誉，争取最大的销售机会。在"接一顾二招呼三"的时候，要注意言语措施，不能让他们感觉到自己成了碍事的人，否则他很可能会扬长而去。比如，你正在接待第一位客户，看到新的客户进来就说："您好，先生，请稍等，我马上就过来。"那么，第一位客户听了很可能理解成你在下逐客令，就会离开。

需要注意的是，照顾到每一位客户，不是说所有客户都一视同仁，平均接待，而是要在兼顾多位客户的基础上，重点把握购买意向较强的客户。其实，并不是每位客户的购买意向都是同样的强烈，也并不是每位客户所希望得到的服务都是一样的。有些客户是可以被迅速送走的，比如有的只想要楼书和户型单页、有的只需要你回答一个问题。如果第一位客户的接待可以立刻解决，便迅速结束去招呼新来的客户；如果第一位客户非常认真想要了解更多信息，你可以向他表示歉意，并表明会马上回来，留下他继续观看楼盘模型或者户型单页，快速迎向新来的客户；如果第二位客户的问题无法立刻解决，要先向第二位客户表示道歉，寻求该客户的谅解，待接待完第一位客户后再来详细解答他的问题。一般来说，凡事都有个先来后到，要同时接待两位客户时，以先到为尊。

正确应对示例1

售楼人员：（对新客户）"下午好，先生，请先这边坐会。"

售楼人员：（对第一位客户）"先生，您要的资料在这里，请问您还有其他疑问吗？"

客　户："没有了，我把这些资料拿回去看看。"

售楼人员："行，这是我的名片，以后有事情随时可以找我。您方便留个联系方式吗？"

客　户："这是我的名片。"

售楼人员："王先生，欢迎下次光临，再见！"

售楼人员：（对新客户）"不好意思，让您久等了，请问有什么可以帮助您？"

正确应对示例2

售楼人员：（对新客户）"下午好，先生，请先这边坐。"

售楼人员：（对第一位客户）"不好意思，您先看看资料，我去招呼一下，马上就回来。"

售楼人员：（对新客户）"您好，我叫小陈，请问您贵姓？"

客　户："免贵姓张。"

售楼人员：（对新客户）"张先生，您好，这是我们的楼书，您先看看，等会我再给您详细介绍，好吗？"

客　户："好的。"

售楼人员：（对第一位客户）"不好意思，今天客户比较多。先生，我们楼盘……"

情景六：

客户问的问题很专业，像是业内踩盘人员

在房地产市场里，踩盘是一种非常常见的行为。如果售楼人员发现某位客户问的问题很专业，而且问的内容与其他客户不一样，感觉该客户是个业内踩盘人员，那该如何接待比较好呢？

错误应对

1. 认为该客户是业内踩盘人员，便急于摆脱他，甚至不搭理他。

（**点评**：来者是客，这种做法显然是不妥的，会给客户留下不好的印象。而且，有些客户可能是真的对房地产市场熟悉，凭经验或直觉便判断他是业内踩盘人员，并不一定准确。）

2. 即使是业内踩盘人员，也像接待其他客户一样接待。

（**点评**：在态度上，一视同仁是应该的；但如果在精力上也一视同仁，那就很可能会对自己的销售业绩造成影响。）

情景解析

所谓"业内踩盘人员"，是指那些到访售楼处的原始动机并不是为

了购房，而是为了提升自身职业能力、学习其他售楼人员的接待技巧以及掌握竞争楼盘的资料的人。换句话说，这类型的客户一般不属于真正意义上的客户，他们都是与你从事相同职业的业内人士，他们到访的主要目的是做市场调研。当然，这也并不是说他们完全没有购买行为，他们也有购房的需求，只要你的楼盘确实能够吸引他们，并且他们自身已经具备了购买能力。

对于这种类型的客户，你应该持开放的心态去对待，毕竟这种"踩盘"工作也是你需要做的（在针对竞争对手做市场调研时）。如果对方不主动要求，你就不要急于接触，但应随时注意其动向，当他有要求服务的意愿时，应热情接待，并注意言行举止，不可冷眼旁观。而且，这对于你来说也是一个学习的机会，你可以学习他们是如何做市场调研工作的。

多个朋友多条路。就一个城市而言，我们地产人的圈子实在不大，在这个人才自由流动的时代，大家都存在着"跳槽"的可能性，你和他们之间很有可能会从竞争对手成为同事。如果你曾经怠慢了他们，那一旦成为同事，难保你们不会觉得尴尬。既然如此，何不多个朋友多条路，善待他们，如果能够结识成新的朋友，又何尝不是个人社会专业资源的延展。况且，现在的市场信息是流通网络，不从这里得到，也会从别的地方得到，用遮掩、不友善的态度对待对方，结果只能使自己职业生涯道路越走越狭隘！何况在成熟的市场上，根本就没有什么秘密可言，很多信息是公开的，就算他了解到，又能怎样？

其实，接待"踩盘"者对于销售新手来说也是个难得的锻炼自己的好机会。一个专业的、成功的售楼人员并不怕竞争对手来"踩盘"，反而希望大家互相了解，进行信息交流，因为来"踩盘"的人都是业内人士。其实一个楼盘的好与坏，业内人士的评价很重要。刚入行不久的售楼人员，应该喜欢接待"踩盘"的才对，因为他们懂得多，问得也专业，能让你的能力很快地提高！通常来说，作为一个新手，能把一个"踩盘"的应付下来，就象征着你顺利出师了！

既然如此，我们对待"踩盘"者就要友好一些。对于踩盘者的热情更可以反映出对本楼盘的自信，"我就是最好的"！友好一些，可以为自己在业界树立良好的口碑；友好一些，你可能会获得更多的客户，因为同行也要买房，而且同行还是周边人在买房时的指导老师；友好一些，你也许改天就可能被哪个老总高薪挖走；友好一些，市调人员也就是了解一些基本信息，可能还不比客户问得多……

当然，我们所说的友好，也必须在遵守职业道德的前提下。有时候，公司会制定一些保密制度，对于一些涉及商业机密的资料，比如楼盘的最终成交价格、最大的折扣幅度、销控计划、销售率、客源构成、将要实施的促销活动，等等，你就不能够告诉"踩盘"者，毕竟这可是关系到公司的利益。

此外，当售楼处来的客户多的时候，不可在同行面前耽搁太多时间，而应委婉地摆脱他，比如可以跟他说"这里有份楼书，要不您拿回去看看"或"要不您回去考虑考虑"。调整状态后，接着再去接待新的客户。

正确应对示例

客　　户："请问你们的得房率是多少？"

售楼人员："先生，您很专业，佩服。一般客户都是问公摊多少，很少问到得房率。"

客　　户："哪里哪里！我只是看过这方面的书，也听朋友说过这个问题而已。你们现在销售的怎么样了？"

售楼人员："嗯，我们楼盘的销售情况非常不错。请问您是要看几室的？"

客　　户："三室的吧。你们三室有多少平方米的？"

售楼人员："我们三室的面积从98～135平方米都有。这样，我拿份户型资料给您，您先看看，好吗？"

客　　户："好的。"

情景七:

客户不愿意留下名片或联系方式

　　在售楼活动中，一般都要尽可能地让客户留下名片或联系方式，其目的主要是日后跟踪客户。毕竟，买房是件大事，通过一次看房就做决定的并不常见。可是，有些客户就是不愿意留下名片或联系方式，对此，有什么好的办法呢？

错误应对

　　1. 客户不愿意留，那就算了。

　　（**点评**：这种轻易放弃的做法，对于销售业绩的提升肯定是没好处的。没有客户的联系方式，日后肯定就无法跟踪，只能任由客户自行去考虑决定了。）

　　2. 死缠烂打，追着客户留下联系方式。

　　（**点评**：这种做法比上一种做法更不可取，死缠烂打追着客户留下联系方式，只能让客户更加小心谨慎，怀疑你有什么企图，甚至让客户产生反感。）

情景解析

　　为了跟踪客户的需要，售楼人员通常需要让客户留下名片或联系方式。可是，很多客户却不愿意留下名片或联系方式，这是为什么？

其实，客户不愿意留下名片或联系方式是很正常的，这里面可能有几种原因：客户对楼盘还没产生兴趣，或者只是路过顺便看看情况，属于无意向客户；客户担心留下联系方式后，会三天两头接到售楼人员的推销电话，影响自己的工作生活；客户担心私人信息被泄露出去，毕竟现在这种事情比较多，从而对留联系方式的做法较为谨慎；客户是业内踩盘人员，踩盘人员一般不会轻易留下联系方式的，以免麻烦。

无论客户是出于什么原因，为了日后跟踪客户的需要，售楼人员都应该尽可能地想办法让客户留下名片或联系方式。其实，让客户留下名片的最好方式就是——交换名片。要想通过交换名片留下客户联系方式，交换名片的时机选择就很重要了。很多售楼人员都是在客户即将离开时才本能地递上名片，并索要客户的名片。其实选择这个时候递名片是错误的，因为在洽谈已经结束并且客户准备离开这一敏感时刻，你要想拿到客户的名片或联络电话是比较难的，客户会觉得你的动机很明显，就是为了日后打电话来继续推销，而为了避免这种"打扰"，很多客户就会拒绝留下名片或联系方式。因此，递名片最好选择在接待初期，在尚未开始正式的销售洽谈时进行，其基本理由有三个：

- 询问别人姓名时往往要先自我介绍，而递名片就是进行自我介绍的最好方法，可以让客户了解你的姓名，知道该如何称呼你。
- 从礼尚往来的角度来说，自我介绍完，你再索要客户名片或请教尊姓大名就不会显得太唐突了。并且，在正式洽谈开始前，客户对你的戒心并不是太大。
- 取得客户名片或得知尊姓大名后，你就知道该如何称呼客户，更为尊敬，并且能够探知客户的某些信息，比如工作单位、职位等，这样更有利于你同客户进行沟通。

如果客户不愿意交换名片，售楼人员还可以通过其他方式让客户留下联系方式。比如，告诉客户，一旦楼盘有新的优惠活动出来，可以马上通知他。同时还需要告诉客户，自己不会动不动就打电话给他，只是在公司有活动或者有重要事情的时候才会联系他。这样的说法可以打消客户的一部分担心，从而让一些意向客户愿意留下名片或联系方式。

正确应对示例

售楼人员："王先生，您好，这是我的名片，您就叫我小陈好了，以后您有什么需要或不清楚的都可以来找我。"

客　　户："……"（客户收下名片后，并没有要拿出名片交换的意思。）

售楼人员："王先生，您可以留个联系电话吗？我们经常会举行一些促销活动，到时候我们将第一时间通知您。您放心，我们一定不会随意打扰您的。"

客　　户："好……"

情景八：

接听售楼电话时，不知该如何掌握接听时机

通常情况下，客户在获知楼盘信息后，往往会先通过电话咨询了解一些楼盘的基本情况，以此决定是否有必要前来售楼处参观洽谈。因此，接听售楼热线就显得非常重要，如果接听得当，客户就有可能被吸引到售楼处来参观洽谈；如果接听不当，客户可能就会挂掉电话而转向其他项目。

错误应对

1. 电话铃声一响马上就接听。

（**点评**：电话铃声一响马上就接听，客户会认为你太闲了或太在意生意了，他们会小心设防的。）

2. 电话响了超过三声后才接听。

（**点评**：电话铃声响起超过三次，甚至更多，比如达到七八次以后，你才去接听，客户又会有不被尊重的感觉，认为你不在意这桩生意或精神状态不佳。）

情景解析

　　应该说，接听售楼电话的时间也是一种心理战术。

　　有些售楼人员认为，电话铃声一响就应该立即接听，只有这样才能显示出对客户的尊重。事实上，这种做法是错误的。最适当、最完美的接听售楼电话的时机，应该是在电话铃声响到第三次的时候。为什么呢？

　　首先，如果你在电话铃响第一声时就接起来，客户会认为你太闲了或太在意生意了，他们会小心设防的。此外，有些客户在拨出电话号码后，可能还没准备好要和你说些什么，如果你接听得太快，客户会来不及反应。

　　其次，就售楼人员自身而言，当电话铃声突然响起时，可能会打断你正在做的事情，或者你正在进行的思绪，你必须用一点点时间来调整情绪，打起精神。说起来，这只不过是个简单的小计谋，就是用两声电话铃，用几秒钟的时间，让你可以从容地暂停你手边所做的事情，停止你杂乱的思绪，调整你的心情，以快乐、热忱来接待这个潜在客户。

　　最后，让客户拿着电话筒等待短暂的几秒钟，会给你制造业务繁忙兴旺的印象，暗示并刺激他们的购买欲望；但是，这种让客户等待的时间一定要把握好度，绝不能让他们等候的时间太长，一旦超过了限度，就会出现适得其反的效果，客户可能会因此变得不耐烦或失去了热度，从而意味着你将失去销售机会。因为，如果电话铃声响超过三次，甚至更多，比如达到七八次以后，你才去接听，客户就会有不被尊重的感觉，认为你不在意这桩生意或精神状态不佳。这就是为什么接听电话不让铃声超过三次的重要原因。

　　需要注意的是，一般情况下售楼处的电话都会不止一部或不止一线，而售楼人员毕竟是有限的几人，并且还要接待现场的客户，在特殊情况下有可能在超过三声后才能接电话，这时要对客户表示歉意，请求对方谅解，如"不好意思，让您久等了"。

正确应对示例1

（在电话铃声响到第三次的时候接听）

售楼人员："您好，××售楼处。请问有什么可以帮到您？"

客　　户："请问你们售楼处在哪里？"

售楼人员："……"

正确应对示例2

（在电话铃声响起三次后才接听）

售楼人员："您好，××售楼处。小姐，不好意思，让您久等了，请问有什么可以帮到您的？"

客　　户："请问你们那儿有带户口的房子吗？"

售楼人员："……"

情景九：

接听售楼电话时，客户不知道为什么突然不高兴了

很多售楼人员对电话的感觉是又爱又恨，爱的是这个沟通工具可以给自己创造良好的生意契机；恨的是只要稍有不慎或不注意就可能引起客户强烈的不满，甚至会被客户无情地挂断电话。那么在接听售楼热线的时候，该注意哪些方面呢？

错误应对

1. 不注意接听电话的礼节，过于随意。

（**点评**：虽然在电话中客户看不到你，但客户却能通过语音语调感觉到。）

2. 接听时没有注意姿势，像与朋友通电话那样随便。

（**点评**：接听电话的姿态不同，电话里所传递的语音语调也就有所不同，客户同样是能够感觉到的。）

3. 客户打电话来找同事，随便应付了事。

（**点评**：不要因为不是你的客户，你就觉得无所谓，你仍然要礼貌转接，以展示项目的良好形象。而且，如果你这么对待同事，同事也有可能这么对待你。）

4.在客户之前先挂断电话或挂断电话后不自觉地说脏话。

（**点评**：结束通话的细节如果没有做好，等于是前功尽弃，之前与客户沟通得再好，都可能因为这一点小小的疏忽而变得无济于事。）

情景解析

在接听售楼热线时，售楼人员应时刻注意相关的电话礼节，做到语言文明、态度文明以及举止文明，以给客户留下一个好印象。要知道，由于电话里只能闻其声而不能见其人，电话礼仪就成了客户评价你的第一准则。

1. 主动问好

在接听售楼热线时，应先主动问候，并自报家门"××售楼处，您好"，然后再开始交谈。自报家门一是礼貌，二来可以帮助对方确认自己有没有打错号码，此外还可以增加客户的亲切感。

2. 文明用语

礼貌是人们之间在频繁的交往中彼此表示尊重与友好的行为规范。礼貌用语则是尊重他人的具体表现，是友好关系的敲门砖。在接听售楼热线时，礼貌用语十分重要，它不仅可以表示对客户的尊重，而且有利于双方气氛融洽。

- 多使用文明用语，如："您好""谢谢""很抱歉，让您久等了"等。
- 学会善用"请"这个字，如"请问……"等。很多时候，只需要一个简简单单的"请"字，就能够让处在电话另一端的客户有了受尊敬的感觉，从而增加对你的好感。
- 如果对方声音太小，你可以直接说"对不起，请您声音大一点好吗？我听不太清楚您的讲话"，绝不能大声喊"喂喂，大声点"。必须搞清楚，要大声的是对方，而不是你。而且，作为售楼人员，只有客户可以对你大声说话，你绝对不能大声对客户说话。

3. 态度文明

文明的态度有益无害。电话虽然是"只闻其声不见其人"，但客户同样可以通过你的声音感受到你的态度。

- 通话时，不要拿腔拿调，态度要和蔼，声调应适中，语气要柔和、沉稳，语音要亲切。
- 避免口头禅，不允许对着话筒打哈欠、咳嗽、肆无忌惮地大笑，更不能用不耐烦的口气来对待客户。
- 时刻保持热忱，让声音中传递着快乐。如果你接电话所用的语调有点病态或散漫，那么客户对你、对楼盘就会失去兴趣，并在无形中产生一种抵触情绪。
- 调整你的面部表情，最好能够时刻保持微笑。虽然在电话中客户看不见你的表情，但他们一直注意着你的声音，包括语调和心情。你需要把你全部的注意力投入到电话中，千万不可以因为对方看不见就懈怠，甚至不屑一顾。要知道，人是有感应的，别让你的声音出卖了你的态度。
- 如果在接电话时，有同事或者现场的客户向你搭话，可做手势让他稍等，挂断电话后再与其交谈，绝对不允许在接听客户电话的时候，与其他人搭话；如万不得已，应向对方说明后用手捂住电话，以免引起误会。

4. 举止文明

在通话过程中虽然不直接见面，但也应该注意举止文明。要知道，沟通过程中表现出来的礼貌最能体现一个人的基本素养。

- 接电话时要轻拿、轻放，把电话机移到自己身边时，不要伸手猛地扯过来。

- 接听电话时，不要把话筒夹在脖子下，也不要趴着、仰着、坐在桌角上，更不要把双腿高架在桌子上。

- 接听电话时，话筒和嘴的最佳距离是3厘米左右；通话时的嗓门不要过高，免得令对方深感"震耳欲聋"；挂电话时应轻放话筒；不要骂骂咧咧，更不要采用粗暴的举动拿电话机撒气。

- 接听电话时最好不要与旁边人打招呼、说话、吃东西或小声议论其他问题，如果在听电话的过程中非要处理某些事情，一定要向对方打个招呼，并说声对不起。

- 保持端正的姿势。接听电话过程中应该始终保持正确的姿势。一般情况下，当人的身体稍微下沉，丹田受到压迫时容易导致丹田的声音无法发出；大部分人讲话所使用的是胸腔，这样容易口干舌燥，如果运用丹田的声音，不但可以使声音具有磁性，而且不会伤害喉咙。因此，保持端坐的姿势，尤其不要趴在桌子边缘，这样可以使声音自然、流畅和动听。

5. 礼貌转接

售楼热线不是你的私人电话，转接电话的情况是非常常见的。不要因为不是你的客户，你就觉得无所谓，你仍然要礼貌转接，以展示项目的良好形象。

- 如果客户找人，而他今天不值班，应询问客户是否有事需要转达，"对不起，他现在不在，请问有什么事需要转告吗"，并将客户的留言及时记录下来，以免忘记。

- 如果客户要找的人不方便接听电话，应向客户表示歉意，"对不起，他现在有事无法接听电话，我让他等会儿给您回电话，好吗"。
- 如果客户要找的人正好不在电话边上，应请客户稍等，并说出让他等候的理由，以免客户因等候而焦急，然后再去叫被找人员。
- 叫同事接听电话时，应该轻轻地把话筒扣在桌面，不允许大声地喊叫被找人的名字（大声地喊叫既不尊重客户，也会干扰其他同事的工作），应该走到被找人身边小声地告知。被叫的人接起电话时，必须向对方道歉："对不起，让您久等了。"
- 如果被叫的人因有事无法马上前来接听电话，需要对方等待时间较长，应向客户说清楚，并请他先挂掉电话待处理完后再回电话过去。

6. 积极回应

在通话过程中，要仔细倾听客户的讲话，尽量避免打断对方的说话。为了使对方知道自己一直在倾听或表示理解与同意，应不时地轻声说些："嗯""是""好"之类的话语。

如果电话忽然中断，要立即回拨，向客户道歉并说明引起通话中断的原因，而不要等客户再次打来电话，你才表示歉意。

7. 道谢收场

最后的道谢也是基本的礼仪。来者是客，以客为尊，千万不要因为电话客户不直接面对而认为可以不用搭理他们。实际上，客户是我们的衣食父母，我们的业绩与客户密切相关。因此，对客户应该心存感激，向他们道谢和祝福，以期给对方留下良好的印象，比如："感谢您用这么长时间听我介绍，希望您能满意，谢谢，再见。"

> ### 注　意
>
> 　　在打电话和接电话过程中都应该牢记让客户先收线。因为一旦先挂电话，对方一定会听到"咔嗒"的声音，这会让客户感到很不舒服。因此，在电话即将结束时，应该礼貌地请客户先收线，这时整个电话才算圆满结束。

正确应对示例

1. 接起电话时

"×× 售楼处，您好！"

2. 询问客户姓名时

"请问先生 / 小姐您怎么称呼？"

3. 客户打电话找人时

"不好意思，×× 先生 / 小姐走开了，我有什么可以帮到您？"

"不好意思，×× 先生 / 小姐不在。有什么需要我转告的吗？"

"请稍等！我帮您把电话转给他！"

"我明白了！我会帮您转达给他！"

"好的，请稍等一下，他马上来。"

4. 电话中断回拨时

"对不起，刚刚电话不知道怎么断了。您刚才是问我们楼盘具体在哪个位置，是吗？"

5. 准备结束通话时

"好的，再见！欢迎您到我们售楼处参观！"

情景十：

客户在电话中询问楼盘情况，不知该怎么回答为好

　　客户打电话到售楼处，通常是为了了解一些情况，以此做出是否前来售楼处洽谈的决定。对此，很多售楼人员觉得左右为难，掌握不了尺寸，不知道如何才能吸引客户前来售楼处。

错误应对

　　1. 客户问一句，回答一句，被客户牵着鼻子走。

　　（**点评**：这样的应对显得被动。在销售中，售楼人员应引导客户，而不是跟着客户走。）

　　2. 把楼盘所有情况都详细向客户说明。

　　（**点评**：电话里是很难将楼盘卖点很好地传达给客户的，说得越多，可能客户心里越乱，甚至可能做出错误的判断：这个楼盘不适合我，不值得去看了。）

　　3. 不愿意和客户多谈，客户一问楼盘情况就让客户来售楼处洽谈。

　　（**点评**：客户不了解楼盘情况，对楼盘还没有产生兴趣，他不一定会乐意到售楼处来的。）

情景解析

接听售楼热线的目的是什么？是为了达成交易吗？当然不是，像买房这样的重大决策，是不可能在电话中取得进展的。

只有客户来现场才有可能成交。因此，接听售楼热线的最主要目的就是通过电话沟通让客户对这个楼盘产生兴趣，从而才有可能前来售楼处参观洽谈。

在接听电话之前，售楼人员必须熟悉楼盘的实际情况，背熟公司准备好的"项目答客问"等资料。在电话沟通时，则应尽量使用统一的销售口径回答客户提出的问题，绝对不能一问三不知或敷衍了事推诿客户。回答问题时，售楼人员应扬长避短，在回答中将卖点巧妙地融入，以吸引客户的兴趣。

对楼盘感兴趣的客户往往一开始什么情况都想知道，但是如果他在打电话之前就已详细掌握了楼盘的情况，就不会在电话里就项目一个一个地向你咨询。所以，说到底我们的目的还是要给客户建立一种兴奋点，或者说是闪光点，吸引客户到售楼处的现场进行参观。一般情况下，售楼人员接听到的客户电话，他们的问题主要有以下几类：地点、户型、价格、如何付款、工期等。

1. 关于地点

房地产业内有一句行话"地段，地段，还是地段"。意思是说，客户在决定是否购买的时候，通常所考虑的第一要素就是地段。为此，你必须对楼盘所处的地理位置有一个明确的认识。

请记住，对于地段，不能只是简单地知道它位于哪个区、哪条道路，而是应该对该地段的地理特征了如指掌，甚至包括该地段附近有什么设施、有什么显著建筑物、有哪几条公交线路都应该清楚。

回答关于楼盘地理位置的问题时，应掌握相应的技巧。有时候，相同的地理位置，不一样的解说，就会有不一样的结果。比如，对于某些地段，如果你只是简单地说出区位，客户可能会提出"太远了，太偏了"之类的不满；而如果你能带有补充性地告诉客户"距离××商业中心只有五分钟车程""那里的公交线路有十多条呢，××路、××路等都经过这里"，那客户对该地段的认识就会更为深刻，甚至会大大淡化了路程远的印象。此外，对于一些较为偏远的地区，你还可以以"高教区""发展方向""升值潜力"等隐含的优势条件去淡化客户印象。

2. 关于户型

户型也是客户关注的焦点。地段是对生活大环境的选择，户型则是对居家小环境的选择。不同的客户有不同的需求，有的人由于经济能力等原因而选择小户型，而有的人则会由于家庭人口原因而选择大户型。对此，你不但要清楚楼盘的所有户型，还要掌握各种户型结构知识，并能准确地表述出它们的特点。尤其是一些特殊、新出现的户型结构，比如复式、跃层等等，你更应该加以注意。

当客户问到"你们那边有什么户型"时，首先告诉客户我们的户型很多，然后询问客户需要的是哪一种。如果客户犹豫不决，你可以试着帮他提提建议，直到客户有了较肯定的语气。同时，我们也要记得把这个信息记录下来。

3. 关于价格

一般来说，这是客户最关心的问题。当然，客户也不会直接告诉你他所能接受的价格是多少。你可以先说起价，但每套房子都根据楼层或者朝向等的不同而价格有所不同。如一套110平方米的房子，单价10000元，总价110万元，首付33万元，剩下的77万元可以做二十年的按揭。

有时候，售楼人员还可以把价格和楼盘的特点结合起来介绍，以给客户更多考虑的机会。如"这样的房子空间大，户型也比较好，你可以考虑一下"。当你把这些具体数据报给客户，而客户进入了沉思状态，你就可以进一步了解客户是否真的能够接受这样的价格。

此外，在回答有关价格问题时，还可以运用一些简单而有效的心理战术，因为客户通常会对接收到的信息作出直觉反应。比如，对于单价高的小户型，尽量报总价而不报单价；对于单价低的大户型，则应报单价而不是总价。这样，客户对于价格的抗拒心理就会降低很多。

正确应对示例

售楼人员："您好，××售楼处，请问有什么可以帮到您？"

客　户："您好，你们那里单价多少？"

售楼人员："小姐，请问您贵姓？"

客　户："我姓王。"

售楼人员："您好，王小姐，我姓陈，您叫我小陈就可以了。您也知道，每套房子的价钱都是不一样的，楼层不同、朝向不同、户型不同，价格也都不一样。我们现在是每平方米 16000 元起。"

客　户："哦。那你们那有 110 平方米左右的小三居吗？"

售楼人员："王小姐，有的，我们这里的三居面积从 108 平方米到 130 平方米都有。请问您是想买小三居吗？"

客　户："是的。就是不知道你们那环境怎么样？"

售楼人员："王小姐，您知道××公园吧？我们项目就在××山脚下，后面就是××公园，可以说公园就在家门口。您不妨来我们售楼处看看，实地了解一下这里的环境。"

客　户："好吧。对了，你们什么时候可以交房？要太晚交房我就不去了，我要赶着结婚用呢。"

售楼人员："王小姐，那我先恭喜您了。我们这第一期明年 1 月份就可以交房了。您看您是上午来还是下午来？"

客　　户："下午吧，上午我还有点事。"

售楼人员："好的，王小姐，那我下午会在售楼处专门等候您的。我们售楼处在 ×× 公园门口往西 300 米，就在公园路与天河路交接处。您知道这个地方吗？"

客　　户："知道。"

售楼人员："好的，为了方便我们联系，我们互留一下联系电话，您看好吗？我的电话是 ××××××××××，请问您的电话是？"

客　　户："好，我的电话是 ××××××××××。"

售楼人员："王小姐，我再重复一下您的电话：××××××××××，对吗？"

客　　户："没错。"

售楼人员："好的，王小姐，那我们下午见。您到售楼处来，就说找小陈就可以了。"

客　　户："好的。"

情景十一：

向客户索要电话号码和相关信息时，客户不愿告知

　　为了便于日后的客户跟踪工作，在接听售楼热线时，应尽可能地获取客户的姓名、联系方式以及其他一些基本信息。可是，很多客户都不愿意提供这些信息，该怎么办呢？

错误应对

　　1. 客户不想说就算了。

　　（**点评**：太过消极，掌握客户信息越充足，跟踪客户的成功概率就越高。）

　　2. 以公司规定为由，要求客户提供相关信息。

　　（**点评**：这种理由容易让客户产生怀疑，从而变得更加谨慎。）

情景解析

　　销售电话接听应由被动接听转为主动介绍、主动询问，在与客户交谈中，最好能够取得你所想要的信息，以便于公司市场调研和备份客户档案之用。这些信息主要是：客户姓名、联系方式、居住区域等个人背景

情况的信息，其中客户的姓名和联系方式是最为重要的；客户能够接受的价格、面积、格局等对产品具体要求的信息，等等。

你要得知对方的姓名，方法很简单，但要用正确的语言去表达。当你报上自己的姓名后，你要稍作停顿，给他自报家门的机会；但你不用停顿太久，他想说会很快说出来的，不想说的话，你就用柔和而有亲和力的语调去说："请问您贵姓？"或"请问我能知道您的尊姓大名吗？"如果他真的是对你及你的产品有兴趣的潜在客户，他会很快告诉你的。

获取客户联系方式或许是一件比较难的事情，因为客户总是抱有戒心。对于一些不愿留下自己联系方式的客户，你可以换一种方法，"我现在还需要去查一下户型和价格，您留个电话，我查到了马上给您打过去"。

让客户留下电话号码的几个小方法

● 及时反馈最新信息。

"先生，您是否方便留下电话号码，我们的价格表出来后，我会第一时间通知您的！"

"我们过段时间会有个促销活动，届时会推出一些特价房，很适合您的，您可以留个电话，我好通知您！"

● 假装听不清，让对方留下电话，待会给他打过去。

"对不起，今天我们售楼处人太多了，我听不清楚。方便的话，您可以留下电话，等会儿我打给您！"

● 邀请客户参加活动。

"先生，我们最近有个准客户推介会，您不妨留个电话，等活动确定下来我就通知您。"

● 故意说某个问题不清楚，要查询，或要询问经理，请留下电话再联系。

"对不起，这方面我不是很清楚，我需要询问一下我们经理。请您留下电话号码，问清楚后我会马上反馈您的。"

● 以现在忙为由，让客户留下电话，待会儿给他打过去。（适用于那些暂时不方便前来售楼处，又急需了解楼盘情况的客户）

"对不起，现在我这里有客户要接待，方便的话，您可以留下电话，五分钟后我打给您解答您的问题！"

● 对方不留电话，应尽量邀请他到售楼处参观面谈，可能的话，留下自己的联系方式。

"那好的，您最好能来我们售楼处看看，我们将给您更为详细的介绍。"

"要不这样吧，我留个电话给您，如果您有什么需要，可以随时给我电话。我的电话是××××××××××。"

正确应对示例

售楼人员："您好，×× 售楼处。"

客　　户："你好，我看广告说你们元旦做促销，是吗？"

售楼人员："是的，先生，请问您贵姓？我姓郭，您就叫我小郭好了。"

客　　户："我姓王。你们元旦促销，有什么优惠呢？"

售楼人员："王先生，我们元旦促销活动的具体方案还在制定中。这样，您留个电话给我，一旦正式方案出来，我马上通知您，好吗？"

客　　户："好吧。我的电话是××××××××××。"

情景十二：

邀约客户前来售楼处洽谈时，客户却说没空或无动于衷

　　接听售楼热线的一个最重要目的就是促使客户前来售楼处参观洽谈。对于买房这种大买卖，是不可能在电话中就达成任何的实质性意向的。可是，有些时候，当售楼人员提出邀约时，客户却推说没空或无动于衷。

错误应对

　　1.有什么需要了解的，到我们售楼处详谈吧！

　　（**点评**：如果客户想了解情况就去售楼处，那客户也就不用再打这个电话了。客户之所以先打电话，就是想先了解情况，有兴趣了才会来和你面谈。）

　　2.电话里说不清楚，您来我们售楼处，我再给您详细介绍吧。

　　（**点评**：如果客户一问情况，售楼人员就如此回答，客户的第一感觉就是你没有诚意，心想："就是为了让我去一趟售楼处，像这么精明的售楼人员，去了不是更容易被忽悠吗？"）

　　3.这样吧，您看看什么时候有空就到我们售楼处来，我再给您详细介绍。

（**点评**：问客户什么时候有空？客户通常会和你说，那行吧，有空我再去找你。至于找不找你，那就不知道了。）

情景解析

接听售楼热线的一个很重要的目的就是促使客户前来售楼处看房，做更深一步的了解和面谈。对于买房这种大买卖，是不可能在电话中就达成任何的实质性意向的。

1. 用"选择式"邀约

面对面的环境最有利于推销，而你的电话交流在一定程度上决定了你有没有面谈的机会。对方能打电话咨询，说明他有一定的购买需求和兴趣。在即将结束通话时，千万要记得约请客户前来售楼处参观面谈。

为了提高邀约的成功率，在与客户约定看房时间时，尽量不要用提问式的方法，而要用选择式的方法提问（给他限定）。

- **提问式**

售楼人员："王先生，您看什么时候到我们售楼处来参观？"

客　　户："看看吧，有空我就去。"

- **选择式**

售楼人员："王先生，您是星期六过来还是星期天过来？"

客　　户："星期天吧。"

售楼人员："好的，我会专程等候的。"

2. 告知具体地点

在约请客户时，售楼人员必须清楚地告知客户售楼处的详细地址，最好能说出具体的交通路线，让客户容易找到位置，免于因不知道如何走而减低顾客的购买欲望甚至就连来售楼处都懒得来，给予顾客体贴的服务，比如"你可坐××车到小区门口，若你坐出租车可在××路口转弯，路口你会看见'××花园'的广告牌"。如果必要的话，也可以与客户约定具体时间，并且告诉他，你将专程等候。

3. 留下自己的电话

在挂电话之前，你要尽可能报出自己的姓名，有可能的话也可以给客户留下自己的手机号码，告诉客户可以在下班时间随时咨询，并再次表达希望客户前来售楼处看房的愿望。

通话结束后要向对方表示谢意，以给对方留下良好的印象，这一点至关重要，比如，"感谢您用这么长时间听我介绍，希望能令您满意，谢谢，再见。"

需要注意的一点是，要等对方先放下电话，自己再轻轻放下电话，绝对不可以莽撞地挂断电话，更不可以重重地扣上电话机。

你必须杜绝挂断电话后说脏话的习惯。挂断客户的电话后，有些人会立即从嘴里跳出几个不雅的词汇来放松自己的压力，其实这是个要不得的坏习惯，售楼人员应时刻加强自身的文化修养。

正确应对示例

售楼人员："林小姐，我现在和你说我们这个楼盘有多好是没用的，关键是你自己体会，自己喜欢。您觉得呢？"

客　户："那也是。"

售楼人员："我建议您亲自来我们售楼处参观，那样您就更放心了。您是今天过来，还是明天过来呢？"

客　户："也行，我现在过去吧。"

　　售楼人员: "好的。我们售楼处就在 ×× 路上。您可以坐 ×× 路车到 ×× 站下，若您自己开车或坐出租车可在 ×× 路口转弯，在路口处你就会看见'×× 花园'售楼处的广告牌了。"

　　客　　户: "好的。"

第二章
楼盘推介情景演练

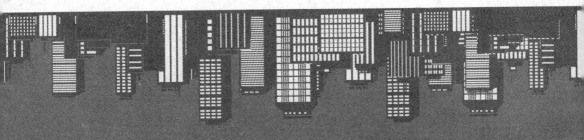

情景一：

和客户沟通时，客户总是不爱言语

有些客户，在沟通的时候，总是一言不发，根本不知道他在想什么，更不知道他究竟想要什么样的房子，不知道他对楼盘有什么看法。不了解他的想法，又如何为他推介房子呢？

错误应对

1. 客户不说就算了，他爱买不买。

（**点评**：这种心态肯定不会有好业绩。客户不说，你就放弃了？）

2. 苦苦追问客户，一定要让他说出来。

（**点评**：苦苦追问只会引发客户的反感，而没法获得更多的信息。）

3. 他不说话我也不说话，看谁耗得过谁。

（**点评**：和客户斗气是没有意义的。客户大不了一走了之，而你呢，就失去了一次销售机会了。）

4. 自顾自地说下去，反正我给他介绍过了，买不买他自己定。

（**点评**：这样解说又有什么意义呢？客户有没听进去不说，就算客户听了，也只是一个头两个大，根本抓不住重点，或者没说到他的心坎里。）

情景解析

在与客户沟通时，在向客户进行项目推介时，切忌只说不问，要注意客户的反应，从而不断调整自己的介绍。夸夸其谈的自我解说是起不到多好的效果的，客户会觉得很累，提不起注意力，甚至根本就没有在听你的解说。你应该适当地与客户沟通，最好的方式就是通过发问让客户参与进来。

比如，很多售楼人员在介绍时，总是按照自己设定的一套流程夸夸其谈地说下去，根本没有考虑到客户是否听明白他的介绍。其实，在介绍完一个重点内容时，你可以适当地停顿一会，问问客户"您是否听明白了"。

再比如，你在介绍楼盘所处的地理位置时，你可以问问客户"请问先生您在哪个区域上班呢"，这样就可以获取客户的信息，如果客户上班的区域与楼盘所处的区域很近或者交通十分方便，你就可以顺势地说："那太好了，这里到中心商业区的交通十分便捷，小区门口就有××路、××路车可以到。"这样，你不但调动了客户的注意力，并且让客户更加感受到地理位置的优越性。

正确应对示例

售楼人员："王先生、王太太，我们马上就要到会所了。等会儿你们就会切身感受到我们小区会所的豪华气派，并会发现里面的各种娱乐、体育设施应有尽有。王太太，您的身材真好，一定经常锻炼身体吧。不知道您平时喜好些什么运动？"

客　　户："哦，我以前是做健美操教练的。"

售楼人员："王太太真是厉害啊，难怪您的体型那么健美，原来您还是一位健身教练。那您一定会喜欢上我们的会所的，那里有专门的健身房和舞蹈场地。"

（**注**：如果你没有主动向客户发问，客户是不会自己特意告诉你她的职业与爱好的。通过发问，你不但活跃了气氛，还获取了客户爱好等重要信息，那是你销售洽谈的一个很好的突破口，因为会所是你楼盘的一个主要卖点。）

情景二：

客户说话模棱两可，不太明白是什么意思

在和客户沟通的时候，有时候客户说话模棱两可，不太明白他说的是什么意思。要再问吧，又怕客户不耐烦；不问吧，又担心理解错了客户的意思。该怎么办呢？

错误应对

1.算了，不明白就不明白，不理会他这个话题了。

（**点评**：如果这样，就是忽视客户的一些谈话，有时候这些内容是很重要的，那客户就会觉得你根本心不在焉，对他不尊重。）

2.直截了当地问清楚客户说的到底是什么意思。

（**点评**：问清楚是必要的，但如果不注意方式方法，很可能会引发客户的不快，觉得你根本没认真听他说话。）

情景解析

每个人的经历、天赋不一样，从而决定了我们的看法、观点常常不一样。现实生活中，我们总是喜欢用自己的假设去代替客户的假设，用

我们自己的意图去解读客户的意图，最后造成了很多沟通中的歧义。比如：客户在表达时，把自己的某些需要省略了。我们主观地把自己的假设当成被客户省略的部分，于是误解客户的意思。

客　　户："我感觉不是很满意，这地方还是有点……"

售楼人员："您放心，边上这个地方已经规划好了，准备建一个商业广场，到时候可热闹了。"

客　　户："对不起，我就是觉得它还不够安静，将来建了商业广场就闹哄哄了，我还是喜欢居住的地方宁静点！"

因此，在倾听客户说话的时候，我们售楼人员还有一项必要的工作，那就是消除客户语言中的歧义，以更准确地了解客户的需求，从而达到更有效的沟通效果。要消除歧义，避免误会了客户的意思，关键在于发问。其实，在售楼人员的字典中，有一句非常珍贵、价值无穷的话，就是"为什么"。作为售楼人员，你可不要轻易放弃这个利器，也不要过于自信，认为自己能猜出客户为什么会这样或为什么会那样，最好还是让客户自己说出来更为妥当。

通过询问，售楼人员可以进一步了解客户，获得更多的客户信息，为进一步推销奠定基础。事实上，当你问客户"为什么"的时候，客户必然会做出以下反应：

● 他必定会回答自己提出反对意见的理由，说出自己内心的想法。
● 他必定会再次检视他提出的反对意见是否妥当。

此时，你能听到客户真实的反对原因，并明确地把握住客户所反对的项目，从而也就能有较多的时间去思考如何处理客户的反对意见。因此，如果询问方法运用得当，既可以为客户提供信息，又可以使推销保持良好的气氛;询问法使售楼人员有了从容不迫地进行思考及制定下一步推销策略的时间;它还可以使售楼人员从被动地听客户申诉异议转为主动地提出问题与客户共同探讨。

正确应对示例1

客　　户:"我觉得这个价格还是贵了点。"

售楼人员:"请问您怎么会这么认为呢?"

客　　户:"我看过××项目的一套房子,它一平方米才卖16000元呢。"

售楼人员:"王小姐,您的这个××包最少也要上万元吧?"

客　　户:"我这包18000元买的呢。"

售楼人员:"那就对了,王小姐,××的包之所以要比普通包贵,就是因为它有这个价值,不能拿它和普通的包相比较。同样,我们这个楼盘的社区环境,相信您也看到了,××项目是不是没法和我们比?"

点评:客户在表达自己意思的时候,可能会采用一些模糊的代词。我们并不能马上知道客户所指的是什么,因为我们不清楚客户采用的参照物是什么,与什么相比。因此,要了解客户的情绪,就不能被这模糊的代词糊弄了。

正确应对示例2

客　　户:"房子是不错,不过我还是有点担心。"

售楼人员:"请问您担心哪方面的问题呢?"

客　　户:"我担心的是按揭办不下来,我曾经有过两次不良记录……"

点评:有时候,客户会把一些隐晦的词语转化过来。我们如果没有进行理清，只是按自己的思路来解读，那么就很难知道客户心里真正所想的，不能为客户提供他所需要的服务。

正确应对示例 3

客　　户："你们办事的效率也太低了。"

售楼人员："对不起，我能不能问一下，您具体指的是什么呢？"

客　　户："你上次不是说要向领导申请一下能不能给我多优惠点，三天内给我答复的吗？现在都过了一星期了。"

售楼人员："真是不好意思，我理解您的心情。这是您上次所留下来的电话，您看看号码有没错误？我打过好几次，都说是空号。"

点评：当客户的表达不是很清楚时，我们也会感到很茫然，不知道客户所指的是什么，所需要的又是什么。这时，需要我们提出有针对性的问题消除语言中的障碍，以更好地满足客户的需求。

情景三：

客户问：五楼的还有三室的吗？

面对客户提出的这个问题，很多售楼人员都会觉得如实回答肯定没问题的，而且这种问题骗也骗不了，没有就是没有。问题是，如果这样回答，客户可能转身就走了。

错误应对

1. 不好意思，五楼的三室都卖完了。

（**点评**：听了这话，客户可能感到失望，继而就离开了。）

2. 为什么非要五楼的呢？

（**点评**：这样的回答让客户感觉不舒服。客户要几楼是客户的事情，作为售楼人员，你只能引导客户，而不能去质问客户。）

情景解析

一位客户来到了某售楼处，问售楼人员小林："五楼的还有三室的吗？"小林回答说："没有了。"

客户很遗憾地走了，又去了另外一家售楼处，问了相同的问题。这一次接待的是售楼人员小张："很抱歉，五楼的房子已经被定了，六楼还有同样房型的，要不我带您去看看？"客户同意了。经过一番谈判后，小张这个月的业绩上又增添了一单。

为什么会出现上述两种截然不同的结果？因为否定句往往是否定意见，让人听了觉得不高兴。

售楼人员是客户的置业顾问，需要引导客户的购买行为。客户之所以想要购买五楼，可能是因为他觉得五楼更好；可是，这只是他的初步意愿，如果没有找到他中意的，如果能够让他感受到其他的楼层其实也不错，那他可能就会转变他的观念。

正确应对示例

客　　户："这个户型有十六楼的吗？"

售楼人员："对不起，十六楼的这个户型已经卖完了。其他楼层，比如十八楼还有同样的户型，我带您去看看吧？"

情景四：

客户对售楼人员的讲解好像没有什么兴趣

售楼人员热情地为客户做讲解，却发现客户好像没有什么兴趣。对此，售楼人员感觉很沮丧，不知道是否该继续讲解下去、如何讲解。

错误应对

1. 算了，客户没兴趣就不说了。

（**点评**：客户为什么没有兴趣？售楼人员不了解客户没有兴趣听讲解的原因，就轻易选择放弃，实在不理智。）

2. 按自己设定的一套模式继续讲解下去。

（**点评**：这样的讲解不但不会吸引客户的兴趣，反而会让客户感觉乏味。）

情景解析

为什么客户会对售楼人员的推介没有兴趣？其中一个主要原因，就在于售楼人员的推介没有引起客户的共鸣，没有抓住客户的关注点进行推介。

当你挖掘出楼盘所能带给客户的全部相关利益后，你会发现，并非所有罗列出来的利益对客户都具有同等的吸引力。比如，对于一个环境优美、地理位置优越、可以就读名校的楼盘，因为生活水准提高而换房的客户更看重的可能是其环境优美，年轻的上班族购房者更看重的可能是其优越的地理位置，而一些有孩子准备上小学的客户更看重的可能只是可以就读名校……

推销的一个基本原则是，"与其对一个产品的全部特点进行冗长的讨论，不如把介绍的目标集中到客户最关心的问题上"。任何一个楼盘都有诸多卖点，我们售楼人员在向客户推介时不能面面俱到，而应抓住客户最感兴趣、最关心之处作重点介绍。

1. 把握客户的需求

有人说，世界上最长的距离是客户的口袋与销售人员的口袋之间的距离。其实，这段距离并不遥远，只是我们人为地把距离拉远了：我们常常只把焦点放在客户口袋中的钱，而忽略了客户的真正需求和关心的重点。

汤姆·霍普金斯说过："只卖客户想要的房子，而不卖自己想卖的房子。"在向客户展示楼盘特点之前，售楼人员必须了解客户的需求，明确哪些特点对客户有用，才能有的放矢地进行推介。事实上，房子好与不好并不重要，客户的需求才是最重要的。谁都想住舒适的别墅，但如果客户没有这种需求（买不起说到底其实也就是没有需求），他是不会去考虑的。

2. 学会换位思考

人们总是只从自己的角度思考问题，而很少站在别人的角度考虑问题，为别人着想。其实，在售楼活动中，换位思考非常有必要也非常有价值。简单地说，换位思考是一个逆向思维的方式，即站在对方的角度上去考虑问题，它有助于售楼人员更好地理解自己与客户之间的主要矛盾。并且，如果你能够在销售中多为客户着想一些，能够在自己的能力之内多做一些对客户有利的销售举动，客户就会感受到你的真诚与爱心，就会更容易接受你。

很多大人都有这样的烦恼：三四岁的孩子都不喜欢待在商场，但有时候购物，又不得不把孩子带进商场，这时父母既要挑选商品又要哄孩子，经常是左右为难。为什么琳琅满目的商品、丰富的食品吸引不了孩子呢？大人们都不能理解。但有位儿童心理学家却轻而易举地回答了这个问题：如果大人们蹲下来，处在与孩子同样的高度环顾商场四周时，其实看到的只是大人们的腿。

大人们需要站在孩子的角度才能知道孩子在想什么。同样，售楼人员只有站在客户的角度才能知道客户需要什么样的楼盘和户型。如果客户不接受你的建议，不购买你推介的户型，那么，你首先要做的就是站在客户的立场，想想他为什么不愿意购买。只有设身处地地为客户着想，并通过与客户的沟通说服客户，才能使客户感受到我们的真诚，并愿意回报以同样的真诚。

换位思考，"就先把房子卖给自己"！在向客户销售之前，不妨让自己同时扮演两个角色，一个是客户，一个是售楼人员，并尽力自己说服自己购买。当达不到说服自己购买的效果后，就要花一些时间分析一下，自己的需求是否都已经被满足了？如果没有，你还有什么需求，是否一定要都获得满足才愿意购买？如果你能够成功地把房子卖给自己，成功就近在咫尺了。

3. 抓住客户的关注点

很多售楼人员总是习惯以自己的方式进行思考，一味地向客户推荐自己认为的好处和特点，这样很难吸引到客户。聪明的售楼人员会把焦点放在客户的关注点上，摸清客户的需求，明确哪些特点对客户有吸引力，再着重对其进行推介。只有事先知道客户的需求，并具体分析客户的喜好、习惯，才能更好地满足客户的需求，并使客户真正满意，最后拥有客户。就像一个人肚子饿了就应该让他吃饭，而不是让他喝水，因为喝水并不能满足他填饱肚子的需要。

每个客户的喜好都是不一样的，也就是说客户最看重的楼盘利益点并不一致。如果一个楼盘的卖点很多，你就应该根据客户的喜好进行重点介绍。比如，对于一个依山傍水、建筑独特并且智能化设施齐备的楼盘来说，你在介绍时，就要抓住客户的喜好之处进行重点推介。如果客户最看重的是环境的优美，你应重点推介"依山傍水"这个优点；如果客户更看重的是住宅小区的安全性与生活的便捷性，你则应重点推介"智能化住宅"这个优点；而如果客户对楼盘的建筑设计更感兴趣，不用说，你肯定应对楼盘建筑设计的独到之处加以重点描述。

正确应对示例

客　　户："客厅太大，主卧又太小了。"

售楼人员："陈先生，您是喜欢大卧室小客厅的？"

客　　户："是的，我觉得主卧大点住起来比较舒服。"

售楼人员："请问您除了睡觉之外，在主卧待的时间多吗？"

客　　户："当然不多了，没事在家就是看看电视泡泡茶。"

售楼人员："嗯，那就是了。客厅是一个家的公共区域，平时家人在客厅待的时间比较多。而卧室是私密空间，主要功能就是睡觉休息。所以，客厅需要大一点，'大客厅小卧室'是户型设计的一个潮流。当然了，如果能够做到大客厅大卧室，那就更完美了。可是，您也知道，这样势必会加大房子的面积，如此房子的总价也会高出不少。"

客　　户："那倒也是。"

情景五：

客户有点心不在焉，不知该如何才能吸引他注意力

有时候，售楼人员在认真为客户做介绍，可是却发现客户心不在焉的，也不知道到底有没有在听。该如何才能吸引他的注意力呢？

错误应对

1. 估计这客户对楼盘不感兴趣，那就算了。

（**点评**：客户心不在焉，不一定是对楼盘没有兴趣，只是你没激发他的兴趣而已。不要动不动就把责任归结于客户。）

2. 先生，您到底有没有在听我说呢？

（**点评**：毫无疑问，这么问客户，肯定会让客户不爽的。）

3. 那就不介绍了，给他多说说笑话。

（**点评**：说笑话也要看对象、场合、时机。如果把握不好，客户会认为你根本没有在好好为他提供服务。他可不是来听笑话的，而是来买房的。）

情景解析

在项目推介时，如果客户心不在焉，排除客户自身的因素（比如时

间紧，被别的事情分神了等）外，很有可能是售楼人员的推介解说太贫乏，无法吸引客户的注意力。对于这种情况，售楼人员就要及时调整自己的推介方式，以吸引客户的注意力。

1. 促使客户联想

小林在电影院门口等女朋友。一个卖花的小姑娘跟了上来："先生，买枝花吧！你看这玫瑰花多漂亮。"小林摆摆手，小姑娘闷闷地走开了。

没过一会，又一个卖花的小姑娘来了："先生，先生，买枝玫瑰花吧。"

"不要不要！"小林有点不耐烦了。

"先生，你知道吗？女孩子都是喜欢玫瑰花的！送一朵玫瑰花给您的女朋友吧！如果您的女朋友接到这朵玫瑰花，她会非常高兴，她会感觉自己非常幸福……"

"那多少钱一枝呢？"小林语气变得缓和多了。

"不贵不贵，只要20元一枝。"这个价钱比平时贵了一倍。

"那给我来一枝吧。"小林很爽快地掏出钱来。

为什么第一个卖花的小姑娘抢了先机却反而失败了，而第二个卖花的小姑娘不但做成了生意，还多挣了钱？因为她巧妙地利用了人们的想象力来激发购买欲望！她不是一味地强调说玫瑰花有多漂亮，而是描述了如果买了这朵玫瑰花送给他的女朋友会有什么样的效果，从而唤起客户的想象力，促使客户做出购买决定。

可见，在销售时，让客户产生联想是很重要的。一位销售专家就把想象力称为"延伸的利益"，也就是说你所能想象到的客户利益。利用人们的想象力来销售，可以使人们无法抗拒那种想象的诱惑，所以就会痛痛快快地把钱掏出来。同样，在售楼活动中，单纯的沙盘解说、项目介绍，多少会有些枯燥，并且难以吸引住客户的注意力。这时，你可以运用"情景销售"法，即通过生动具体的语言描述，将客户带入到将来居住在这样的房子里所能享受到的美好情景里，让客户更深刻地体会到这样的房子可能会给他带来的改变，借以驱动客户的购买欲望。

促使客户想象，就是要让他觉得眼前的这个楼盘可以给他带来许多远远超出房屋本身价值之外的东西，一旦拥有甚至会给他带来一个新的世界、新的生活。当然你启发客户想象应该是基于现实的可能，而不应是胡思乱想。

要激发客户的想象力，你就需要把房子和真实的情节有机地联系起来，编成一部客户就是主角的情景剧，然后用你绘声绘色的语言，像电影里的旁白那样，把这些景象一一描述给你的客户。

运用"情景销售"手法时，售楼人员可以运用这些句子作为开头语：

- 您有没有感觉到……

- 您可以想象一下……

- 假如……

"情景销售"需要售楼人员具备出色的语言表达能力与联想能力了，而我们毕竟不是大导演。其实，在做销售准备时，你完全可以先拟定这方面的"演说稿"，为现场演说做好准备。

2. 让客户亲身感受

都说"天下没有免费的午餐"，但在现实生活中美容院或健身房却经常会发放一些美容卡或健身卡，邀请客户前去免费体验，为什么呢？其实这就是营销学中所谓的"体验式营销"，先让客户亲自体验到美容或健身的好处，进而刺激客户参与的欲望。

同样，在售楼中，你也可以让客户参与楼盘"体验"，让客户亲自感受到楼盘的品质。体验的方法有很多种，比如可以让客户触摸售楼处所陈列的各项建材展品，让客户亲自体验智能化设施的使用，让客户亲自到健身房走一趟感受一下小区会所……

正确应对示例 1

客　户："唉，这环境好是好，可是也太贵了。"

售楼人员："王姐，您的儿子这么孝顺，您就好好地享受生活吧。我到过 ×× 小区（客户现在所居住的小区），那里的生活配套很不齐备，并且人员也比较杂乱，生活一定很不方便吧？假如您住在这里，那就完全不一样了。老人家都喜好晨练，您一起床就可以下楼来和邻居大妈大爷们一起呼吸呼吸新鲜空气，打打太极拳之类的；然后回家吃个早饭，又可以到我们的会所去打牌聊天，或者到中庭花园去逛逛，赏赏花儿看看小鱼；闲着没事时，还可以到湖畔走走。走出大门向左走三百多米，就是菜市场，想吃什么就买什么，既干净又方便，再也不用像以前一样挤公交车买菜了。这样的生活多惬意，您的儿女也才会放心啊！"

正确应对示例 2

客　户："这边不知道会不会很吵。"

售楼人员："大姐，您放心，这里不但不吵，还很安静，非常适合住家。您看，这边上就是湿地公园。周末的时候，您可以带一家人来到湿地公园散步，享受清晨的凉风与阳光，那是多么令人愉快的事情呀。回到家，在客厅阳台上就可以看到 ×× 江的波光粼粼、高尔夫球场的绿意茵茵，视线一览无余，这是多么惬意啊。"

正确应对示例 3

客　户："这附近生活方便吗？"

售楼人员："刘先生，这里生活是非常便利的，您看，要购物有××超市、××百货、××商场，要看电影，有××影视城。而我们小区的内部配套也非常齐全，您看，这里就是我们未来的会所，里面有羽毛球馆、健身房等。刘先生，您不是喜欢运动吗？这下可方便了，周末的时候您可以约上朋友到小区的羽毛球馆打打球，您太太可以到健身会所练练瑜伽，别人运动要跑大老远的，你们在家门口就可以达到锻炼的目的，多舒服啊。"

正确应对示例 4

售楼人员："王先生，这就是我们小区所使用的红外线监控系统。您过来看看，外面的风吹草动都没法躲过它的监控。"

正确应对示例 5

售楼人员："陈先生，我们是不是到那边仔细地看一看（自己先行动）这周围的环境。您看，那里（用手一指）就是规划中的公园，据说面积有数十公顷之多，而且年底就要动工了。"

情景六：

客户对房地产一窍不通，总是听不懂售楼人员的介绍

　　有些客户对房地产一窍不通，售楼人员都不知道该怎么给他们做介绍了。尤其是一些老年客户，更是如此。这可怎么办？

错误应对

　　1. 他听不懂是他的事，反正我该介绍的已经介绍了。

　　（**点评**：客户听不懂，你介绍的再多也没用。甚至有些客户会认为你只是在卖弄自己而已，从而心生不满。）

　　2. 不会吧，连这么简单的问题你都不懂。

　　（**点评**：客户听了这样的话，第一反应就是你在嘲笑他什么都不懂。你嘲笑了客户，客户还会乐意找你买房吗？）

　　3. 对牛弹琴，他既然听不懂，我就不用多介绍了。

　　（**点评**：听不懂，是你的说话方式不对。你不多介绍，客户怎么可能会产生购买兴趣呢？）

情景解析

　　某知名作家说过，把听得懂的话往听不懂里说，把简单的道理往复

杂里说的，都是骗子。虽然有点极端，但也向我们传递了一个重要信息：一件事情，如果能用通俗易懂的语言表达，就不需要用满口行话或专业术语来表现自己的专业。事实上，当客户听不懂你的话时，他不但不会觉得你专业，反而会认为你是在卖弄自己。

因此，在进行项目介绍时，售楼人员应尽量使用一些简单易懂的词语或者是更为形象的词去代替那些难懂的专业术语，以让客户听得更加明白。在介绍前，你最好先在心里琢磨一下对方是否能够听得懂你所表达的意思。在这种时候，"对不同的人说不同的话"是非常重要的。如果对方也是专业人士，那么你就可以用专业术语表达，以此表示你的专业，让客户信赖你；而如果对方只是一名普通的购房者，那么你就要避免使用专业术语，而要尽量说得通俗易懂。

不过，有时候，对于一些概念性的东西，我们又不得不使用一些专业名词。这时候，该怎么办呢？如果碰到这种情况，那么你可以分两步来介绍：

第一步：先说名词术语；
第二步：把每一个名词术语都用精彩的、让人听得懂的话语解释一遍。

这种表达既会让人听起来很专业，又会很有说服力。

正确应对示例

售楼人员："大姐，我们的房子公摊非常小，得房率高达85%呢……"
客　　户："等会儿等会儿，什么是得房率啊？"
售楼人员："是这样的，大姐，得房率是指可供住户支配的面积（也就是套内建筑面积）与每户建筑面积（也就是销售面积）之比，得房率高意味着公摊面积比较小。很多时候，两套房子，面积虽然相同，但给人的感觉却很有可能不一样，有的会让人感觉大，有的却让人感觉是根本没有那么大的面积。这是为什么呢？因为我们买房的时候，是以'建筑面积'计算的，而建筑面积是包括套内建筑面积和公摊面积的，也就是说我们花钱所买到的面积并不是房子里的真正面积，公摊越大，房子里的建筑面积就越小；得房率高，房子里的建筑面积就越大。"

情景七：

和客户讲解了半天，客户竟然还不知道楼盘有什么优点

售楼人员辛辛苦苦地向客户做了详细的楼盘介绍，最后客户竟然还问一句"你们楼盘到底有什么优势啊"，听了这话，是不是让人有点沮丧？

错误应对

1. 不会吧，我说了那么多，你竟然一句也没听进去。

（**点评**：一下子就把责任归结于客户，客户不生气才怪呢。首先要从自身找原因，而不是从客户身上找原因。）

2. 再向客户做一次讲解。

（**点评**：客户是因为刚刚没注意听才不知道楼盘有什么优点吗？如果不是，那么即使你向客户讲解十遍，客户还是不明白。）

情景解析

客户在打算购房时，可能会走访十几个不同的楼盘，进行多方面的比较，因此，客户以其不专业的眼光所看到的可能会是同质性的一面较

多，所以售楼人员应重点向客户推介自己楼盘特有的东西。这些特有的东西，在专业销售中被称作特性或卖点。在推介卖点时，应将楼盘所具有的特性转化为利益，因为客户关注的是自身的利益！在这方面，"利益推销法"能帮助你有效地将利益传达给客户。

1. "利益推销法"是什么

利益推销法是进行产品介绍时最常用的一种方法，即按一定的逻辑顺序将所推销产品的特征、优点转化为即将带给客户的某种利益，充分展示产品最能满足和吸引客户的某一方面。

（1）特性

产品的特性是指产品的独特之处，也就是其他产品所不具有的某种优势。每一样产品都有它的特性，关键是你从哪个角度去发现它，例如：从材料着手，衣服的特性有棉质、毛质、丝质等；而从样式着手，衣服的特性有正装、休闲装等。

对于售楼来说，产品的特性，指的就是楼盘的卖点。在现在的房地产市场上，楼盘卖点多如牛毛，比如地段、园林景观、智能化设施、优良的物业管理、独特的建筑外立面、开发商的品牌等。

（2）优点

产品的优点是指产品的特性所表现出来的直接功能效果，也就是从产品特性衍生出来的优势所在。比如，对于棉质（特性）的衣服来说，其优点就是吸汗；对于毛质（特性）的衣服来说，其优点就是保暖；而对于丝质（特性）的衣服来说，其优点就是轻。

同样，对于售楼来说，产品的优点就是楼盘的卖点所表现出来的优势所在。比如，以地段作为卖点的，其优点就是地理位置佳、交通便利；以园林景观作为卖点的，其优点就是空气的清新、生活环境的优美；以智能化作为卖点的，其优点就是安全、便捷；以优良的物业管理作为卖点的，其优点就是全方位的生活服务；等等。

（3）利益

产品的利益是针对消费者而言的，就是产品的特性所能满足客户的某种特殊需求，或者说产品的特性、优点所能使客户享受到、感受到的某种好处。比如，对于毛质（特性）的衣服来说，其优点就是保暖，而其带给客户的利益就是可以避寒。

从售楼来说，产品的利益就是楼盘的特性（卖点）和优点（优势）所能够满足客户的某种需求，以及让客户享受到、感受到的某种好处。比如，以园林景观作为卖点的，其优点就是空气的清新、生活环境的优美，而其给予客户的利益就是让客户生活在一个优美的环境中，从而保持身心的健康。

2. "利益推销法"句式的运用

从上面的分析中可以看出，利益推销法其实是一种针对不同客户的购买动机，把最符合客户要求的产品利益向客户加以推介，讲明产品的特性、优点以及可以为客户带来的利益的一种销售方法。

事实上，特性、优点和利益是一种贯穿于产品的因果关系，在产品介绍中，它形成了诸如"因为……，所以……，对您而言……"的标准句式。

> 特性：因为……
>
> 优点：所以……
>
> 利益：对您而言……

（1）"因为……"

"因为……"这一句说的是产品的属性，它回答了产品是什么、具有什么特点的问题。比如，"（因为）它采用的是转换层结构……"

（2）"所以……"

"所以……"这一句介绍了产品的作用，它解释了产品这个属性能做到什么。比如，"（因为）它采用的是转换层结构……，（所以）每一户都是隐梁隐柱，宽敞的房间里看不见一条梁和柱，这种气派正是豪宅的风采……"

（3）"对您而言……"

"对您而言……"这一句是告诉客户将如何满足他们的需求，也就是购买该产品所能得到的利益，比如"（因为）它采用的是转换层结构……，（所以）每一户都是隐梁隐柱，宽敞的房间里看不见一条梁和柱，这种气派正是豪宅的风采……（对您而言）给客户带来的实用率是最高的，即实用面积更大……"。

如果你能够很好地运用利益推销法，那么你将会发现在售楼活动中进行项目介绍是那么容易，不但能让你的项目介绍更为顺畅有条理，而且还可以使客户充分感受到楼盘的特性所能带给他的好处，从而让客户认为这个楼盘确实适合他。

正确应对示例

售楼人员："王先生，您是第一次来吧？"

客　户："是的。"

售楼人员："那我先给您介绍一下我们项目的总体情况吧。"

客　户："好的。"

售楼人员："王先生，您刚刚说您刚去苏州旅游了一趟回来，不知道您对苏州园林感觉如何？"

客　户："挺漂亮的，生活在那里真是不错。可惜，咱们厦门虽然被评为"花园城市"，但是生活居住的小区环境都太单调了，缺少一些生活情趣。"

售楼人员："那您来我们这里就来对了。我们这里的园林景观就是以苏州园林特色为标准进行设计的。"

（**注**：展示项目的特性——苏州园林特色的园林景观设计。）

客　　户："哦，真的吗？"

售楼人员："是真的。我们公司也正是看到厦门人居环境的一些缺陷，特地聘请了上海××景观设计公司进行设计的，其风格与苏州园林极为相似。我带您到那看看我们的园林景观效果图。"

客　　户："好的。"

售楼人员："提起江南，大家都会不约而同地想到碧波荡漾、桃红柳绿等情景，我们的园林景观设计也是从'水'这一主要元素入手，充分运用了点、线、面相结合的设计手法。点就是这些布置于楼间的小型水景，如：流水槽、小涌泉等，形式各异；线就是贯穿于住宅区南北的狭长水系，蜿蜒曲折，宛如舞动的水带；面是指位于绿地中央的开阔型水面，它紧邻中心活动广场，周围种植桃柳和莲等水生植物，俨然一派江南风光。"

（**注**：说明园林景观设计的独到之处，也就是优点。）

客　　户："嗯，还真有点江南风味。"

售楼人员："您再看看这个，就是我们根据本地气候特征设计出的新版'玲珑花界、潭西渔隐、荷蒲熏风'等江南十景。"

客　　户："这应该是我在厦门看到的园林景观做得最好的一个项目了。"

售楼人员："是啊，居住环境的好坏对我们的身心健康影响太大了。如果您买了这里的房子，那您就不用经常跑到苏州去旅游度假了。生活在这样一个充满灵气、到处鸟语花香的环境中，您想不快乐都不行啊。"

（**注**：上升到园林景观给客户带来的利益层面上。）

情景八：

客户总是抱有怀疑态度，不愿相信售楼人员的话

有些时候，即使你说的是大实话，客户却总还是抱着怀疑的态度，对你根本就不信任。对此，售楼人员该怎样才能让客户相信呢？

错误应对

1. 爱信不信，反正我说的都是真的。

（**点评**：如果客户不相信，即使你说的再真也没用。）

2. 直接向客户保证说，"我以人格担保，我说的绝对是真的"。

（**点评**：就凭一句担保，就能让客户相信吗？）

3. 质问客户"您怎么那么不相信人呢？"

（**点评**：客户凭什么要相信你？）

情景解析

即使你说得天花乱坠，即使你拍着胸脯担保，客户心里总是还会有所疑虑。这也难怪，每个楼盘每个售楼人员都说自己的楼盘好，可是谁又能证明它真的有你所说的那么好呢？

　　法官断案需要讲究证据，而不能光凭几句口头之言。相比你的一面之词，证据绝对更有说服力。要让客户真正信任你，售楼人员最好能够提供一些有力的证据，用事实和证据来证明你所说的的确是"百分之百真实"的。

1. 出示证明

　　在销售过程中，大多数售楼人员都会说自己的楼盘好，而不会说自己的楼盘不好。问题是，每个人都说自己售的楼好，那客户该相信哪一个呢？这时候，客户通常会使出最后一招"是驴是马牵出来遛遛"：你们说好，那就拿出证据来。只有当一切都证明你说的是真实的、可信的，我才会把钱掏出来。

　　所有可以用来证明你所宣扬的产品的特性、优势、利益等方面真实性的东西，都可以成为你的证明材料。比如，专业部门、认证部门颁发的认证书、质检书，书、报、杂志等出版物上与楼盘有关的正面的报道等。

　　这些证明材料可谓是我们的"销售小帮手"。为了使其真正发挥"帮手"的作用，所有材料必须具有足够的客观性、权威性、可靠性、可证实性、可第三方获得性等一流证据的必要条件。这里需要注意两点：

　　第一，千万不要弄巧成拙、节外生枝，若因材料的可靠性问题导致客户对你怀疑和不信任，就实在太冤枉了。

　　第二，要准备齐全即准备好"帮手"。在平时，我们就要多多收集这些"帮手"资料，并根据自己的情况来设计和制作销售工具。一个准备好了销售工具的售楼人员，一定能对客户提出的各种问题给予满意的回答，客户也会因此而信任并放心购买。

2. 引用例证

　　实证比巧言更具有说服力，用事实证实一个道理比用道理去论述一件事情往往更能吸引人。当客户对售楼人员的观点或说法有所怀疑时，与其拍着胸脯、拿着人格去做担保，还不如举一个相关的例子去证明，这样更容易说服客户。比如：

"×× 小区就是我们开发的，相信您也听说过……"
"前几天 ×× 大学管理学院团购了我们 3 号楼的十几套房子……"
"昨天有个炒房客一下子买了我们五个店面……"

榜样的力量是无穷的。当人们觉得某个人有威望时，就会相信他所做的决定、所买的产品。因此，如果你所引用的例证是那些影响力较大的人物或事件，客户对你的信任度就会更高。耐克、阿迪达斯之所以不惜花费重金聘请诸如科比这类的大牌球星作为形象代言人，就是因为看到了"名人效应"给企业营销带来的种种好处。

此外，引用例证，不但可以为客户提供参考，加强客户对楼盘的信任，而且还能帮助售楼人员避免难堪的局面。因为，当你举出第三者的例子作为证明时，如果客户不同意你的观点，也就等于是不同意"第三者"的做法。

必须注意，售楼人员所引用的例证，必须是真人真事，而不能信口开河，胡乱编造。否则，一旦被客户发现，那么不但不能加强客户的信任，反而会给客户造成更坏的印象，让客户觉得你是在欺骗他，从此再也不信任你了。

正确应对示例 1

客　　户："这里真的可以读实验小学吗？"
售楼人员："是的，没错。我的一个客户买的是第一期，现在已经交房入住了，在 1 号楼 1603，他的小孩今年刚入学，读实验小学 1 年级 3 班。"

正确应对示例2

客　　户："区政府真的要搬到这边来？"

售楼人员："王先生，我是不会欺骗您的。您看，这是昨天的报纸，上面明确说明了该区域的详细规划。"

情景九：

客户总是拿其他楼盘来和我们楼盘做对比

货比三家，这是一种正常的消费心态。在购房时，客户总是会将其他楼盘搬出来进行对比，这种做法表面看起来会给销售造成障碍，实际上只要售楼人员能妥善应对，反而可以让竞争对手助你一臂之力。

错误应对

1.没关系，给客户全面分析比较各个楼盘的优劣势。

（**点评**：分析比较是有必要的，不过要注意如何在比较中突出自身楼盘的优势，淡化劣势。）

2.大肆攻击其他楼盘。

（**点评**：攻击其他楼盘，不但不会让客户觉得你的楼盘好，反而会让客户失去对你的信任。）

情景解析

在购买过程中，客户往往会"货比三家"。对比的情况是不可避免的，所以回避不是最好的办法。况且，利用对比，售楼人员可以将自身楼盘的优势更好地体现出来，打动客户。

1. 不要攻击对手

在进行对比的时候，售楼人员不能以贬低竞争对手的方式来抬高自己。为了达到销售的目的而利用语言攻击竞争对手，是一种不正当的销售行为，这样做会直接影响到售楼人员的专业形象，甚至引起客户的反感。

其实，对于竞争对手的评价最能折射出售楼人员的素质和职业操守。真相是掩藏不住的，客户的眼睛是雪亮的，恶意攻击、贬低竞争对手并不能抬高你的身价，反而表明了你对竞争对手的嫉妒和害怕。即使客户暂时相信了你的话，但一旦发现事实的真相并非你所说的那样，他们就会对你的人品表示怀疑，对你彻底失去了信任和信心。

因此，当客户拿竞争对手作对比时，售楼人员最好保持客观公正的态度去正确评价竞争对手，既不隐藏其优势也不夸大其缺点，让客户从你的评价中既可以了解相关的信息，也可以感受到你的素质和修养。

2. 夸赞你的对手

有时候，夸赞你的竞争对手也是赢得客户信任的一个好办法。当你夸赞竞争对手时，客户会为你的良好职业道德所感动，反而更加信任你、接受你。

有些售楼人员会认为，肯定对手不就把客户推向对手怀抱了吗？其实大可不必担心。如果客户内心真的认为竞争楼盘更好的话，那为何还走进你的售楼处呢？客户拿竞争楼盘比较，不过是要了解你的看法而已，而个人看法没有什么绝对的对与错，个人看法和观点完全取决于这个人了解和掌握信息量的多少，所以完全没必要与客户争执。

3. 强调优势淡化缺点

不怕不识货，就怕货比货。拿自己的楼盘与其他楼盘作比较示范，可以让客户感觉到楼盘实实在在的品质，从而更容易接受。

世上没有十全十美的楼盘。即使再好的楼盘，也会存在着诸多缺陷与不足。当客户拿竞争对手来做比较时，只要客户的说法符合事实，那么与其和客户争辩还不如强调自己的优势，让客户对楼盘有一个充分的正确的认识。

正确应对示例

客　　户："我去看过××项目，他们的价格比你们低得多啊。"

售楼人员："王先生，您说的没错，他们的价格是比我们的低，但是我认为买房子不能单从价格方面来比较。首先，我们的地段绝对比他们好，我们这是靠湖的第一排，整个湖一览无疑，而××项目处在我们身后，他们是看不到整个湖的；还有，我们的公摊面积要比他们小得多，我们的公摊率为15%，而他们的公摊率却是18%，从这点来考虑，他们的价格反而要比我们高出每平方米50元呢。"

（**注**：客户所说的竞争楼盘价格比我们低是没有错的，如果你直接反驳他，必然会招致客户的反感；但如果你通过比较双方价格差异的原因，就会让客户觉得物有所值，对本项目的价格会有一个新的认识。）

情景十：

客户在去看房途中，好像没在售楼处时兴奋了

在售楼处的时候，经过售楼人员的精彩推介，客户的情绪被调动起来了。可是，有些时候，售楼人员会发现，带客户看房时，客户好像没刚才在售楼处时兴奋了。这是为什么呢？

错误应对

1.这没办法，该介绍的也已经介绍了。

（**点评**：客户的兴奋度降低，对销售肯定会造成影响的，应想办法调动客户的情绪。）

2.没事，等会看到房子，客户就会兴奋起来了。

（**点评**：是的，如果房子足够吸引客户，客户的情绪多少会被调动一点。但最好在看房前就让客户保持兴奋的状态。）

情景解析

无论是带客户参观样板房、现房还是参观工地现场，你都要记住一点：千万不能让客户沉寂下来，应时刻让客户的思绪保持在准备购买的状

态。要做到这一点，一个很简单的方法就是边走边说，让客户始终为你所吸引。

有些售楼人员很机械化，认为该介绍的在售楼处洽谈时已经都介绍了，在路上走着又有什么可谈的，何况和他（客户）又不熟悉。其实，这种想法是非常错误的。

在你介绍项目和推荐户型的时候，客户的购买欲望刚刚被你调动起来，这时他的头脑中仍然在回味着你刚刚所说的一切。如果你让他的购买情绪稳定下来，他就有了充足的时间作思考，其刚刚被调动起来的购买情绪很有可能就降低了，购买的冲动性也会大大减弱。也就是说，他很有可能变得更加理性。

其实，咱们在日常生活中也经常会碰到这种情况。你去商场购物，营业员用他的伶牙俐齿调动起你的购买欲望，并准备掏钱买单了，事实上，你都还没有好好考虑这件衣服是不是适合你，而这时，恰好来了另外一个顾客，营业员暂时扔下你跑去接待那个顾客了，你的耳根马上清静了很多，你有了时间去思考：这件衣服到底适合不适合我呢？这么贵的价钱，我值得购买吗？等营业员回头来招呼你，你的购买欲望已经不那么强烈了，再也不容易为他的鼓动所诱惑了。

此外，边走边说，还可以促进你与客户的感情。这时候的"说"，你可以是与他拉家谈，也可以是继续你的推销。你要清楚，只要一走出售楼处，客户对你的心理防备就大大减弱了，正是进行情感攻势的大好时机。

除了边走边说这一方法，售楼人员在带客户看房途中，还可以充分利用一些细节去博取客户的好感。细微的关怀，折射出感人的品德，这常常是被人接纳、受人赏识的切入口。这就是细节的魅力。售楼人员要好好把握这个秘诀，不要放弃任何一个能博得好感的机会。最为简单的做法就是在带看途中应及时提醒客户可能发生的安全隐患。比如，在引导客户转弯的时候，熟悉地形的你知道在转弯处有一根柱子，这时就要提前对客户进行提醒，"前面有柱子，请小心"；如果客户带着小孩，你就要时刻注意孩子的动向，看到车子过来要提前提醒"小朋友这边车子很多，过来叔叔牵着你"。别小看了这些微不足道的细节，很多时候就是这些小小的细节在无形中帮你拉近了与客户的距离。

正确应对示例

售楼人员："王先生，买房子很累人吧？"

客　　户："累。我都已经看了十几套房子了，但都没有看到特别满意的。"

售楼人员："是啊，买房子毕竟是一件大事，一定要考虑妥当了。您觉得那些房子有什么让您不满意的地方？"

客　　户："要么就是环境太差了，要么就是户型结构不好。像我昨天去看的××小区的那套房子，别的都很好，就是厅太小了。"

售楼人员："那倒是，厅小了会显得小气，尤其是像王先生您这种有身份有地位的人士。等会您就可以发现，我们的房子厅都很气派，挺适合您的。"

（**注**：在售楼处洽谈时，客户对你处处提防，一般不会告诉你他看了哪里的房子，那里的房子怎么样。而一走出售楼处，客户的防备心理就没有那么强烈了，他就会把他的一些真实的内心想法告诉你，这对你的继续推销是大有好处的。）

第三章
处理异议情景演练

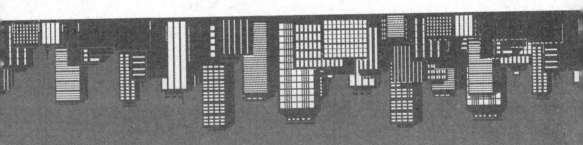

情景一：

不怎么样，我不喜欢（这套房子）

售楼人员给客户推介后，询问客户"您觉得这套房子怎么样"，有些客户可能就会直截了当地说"不怎么样，我不喜欢"。面对该异议，售楼人员该如何消除他们的疑虑呢？

错误应对

1. 不会吧？这么好的房子还不喜欢？

（**点评**：这样反问会让客户觉得你很没有礼貌，而且有点讽刺的意味，不仅对化解异议没有任何帮助，而且容易引起客户的不满。）

2. 哦，那我们去看看 3 号楼的那套？

（**点评**：连客户为什么不喜欢都不知道，看再多的房子也是白搭，因为不了解客户的需求，就无法引导客户，更无法说服客户。）

3. 既然客户不喜欢，那就算了。

（**点评**：没有几个客户会直接告诉你说"这套很好，就这套了"。要知道，是你在做销售，而不是客户在做销售。）

情景解析

当售楼人员询问客户"这套房子怎么样"时，有些客户就会随口说出"不怎么样"来。在这种情况下，售楼人员最重要的不是去想着如何应对客户的这个异议，而是首先需要了解客户到底为什么会说这套房子"不怎么样"，为什么会有这样的异议。

出于某些方面的考虑，在与售楼人员洽谈时，很多时候，客户并没有说出他真实的想法或者看法，甚至提出一个假的异议，寻找其他的借口或说辞来搪塞售楼人员。这时候，如果售楼人员不能确定客户真实的异议是什么，没有找出客户真正的反对理由，只是根据对方口头上的理由来处理，就好像瞄目标射错靶一样，恐怕努力了半天，时间也浪费了一大堆，最后的效果还是零。因此，当客户提出异议时，售楼人员首先必须了解对方"真正"拒绝的理由，洞悉其异议背后的"真相"。

正确应对示例 1

售楼人员："张先生，您觉得这套房子怎么样？"

客　　户："不怎么样。"

售楼人员："张先生，您能具体告诉我在哪些方面不适合您吗？"

客　　户："这套房子面积太大了，虽然单价不高，但由于面积大总价自然不低，我担心我的首付不够。"

售楼人员："哦，是这样的啊。那张先生，刚刚您说您是教师？"

客　　户："对啊，怎么了？"

售楼人员："我们楼盘的按揭是在建行做的，对于一般客户，他们都要求必须有三成首付；但对于公务员和事业单位的职工，可以申请到两成首付。"

客　　户："真的？"

售楼人员："是的，这样您的首付就够了。同样的首付，能够买一套更大的房子自然更划算，一步到位，不用再考虑以后换房了。何况现在的银行利率又这么低。"

正确应对示例 2

售楼人员："陈小姐，您觉得这套房子怎么样？"

客　　户："我觉得它不适合我。"

售楼人员："为什么呢？"

客　　户："这里交通不是很方便。"

售楼人员："陈小姐，刚刚我们才谈到，最近这里在修建地铁，再过三年地铁就通了。我们楼盘就在地铁边上，交通不成问题的。"

客　　户："这个我知道，但我还是觉得它不适合我。"

售楼人员："陈小姐，我觉得除了交通这方面，您是不是还有其他顾虑？您能否和我说说看，我们一起看看什么样的房子更适合您？"

客　　户："我只是觉得这里的户型太大了，总价太高，这样压力就很大。"

售楼人员："嗯，陈小姐，谢谢您如此坦承。来……"

正确应对示例 3

客　　户："我觉得你们这个楼盘不怎么样。"

售楼人员："请问您为什么会这样认为呢？能和我具体说说吗？"

客　　户："前天我去看过××的一个楼盘，人家那个社区要比你们大很多，小区环境也比你们要好。"

售楼人员："是的，××那边的楼盘规模都更大。因为规模大，所以环境绿化各方面都做得不错。这是因为它们处在郊区，像我们这样的市中心是不可能有这么大的项目的，但是我们的交通和生活比那边更为便利。"

情景二：

这里太偏了 / 交通不便利

随着"城市化"的发展，中国的城市越来越大，市中心的那点土地根本不够用，以前的郊区变成了开发重点区域。对于一些尚未完全发展繁荣起来的市郊区域，很多购房者都会提出"这里太偏了 / 交通不便利"的异议。面对该异议，售楼人员该如何消除他们的疑虑呢？

错误应对

1. 这个位置都叫偏，您想要多繁华的地方？

（**点评**：这样反问会让客户觉得你很没有礼貌，而且有点讽刺的意味，不仅对化解异议没有任何帮助，而且容易引起客户的不满。）

2. 不会啊，怎么会偏呢，其他客户都没这样说。

（**点评**：如果位置确实比较偏，极力否认和掩饰都是没有用的，而且表示"其他客户没有这样说"，似乎有责怪客户的意思，暗示客户太过挑剔，容易引起客户的不满。）

3. 正是因为位置比较偏，所以价格才会这么便宜。

（**点评**：用价格优势来弱化位置偏这一劣势的做法没错，但是表述方式不对，直接承认房屋地段差这一缺陷，便减弱了说服力。）

情景解析

"地段、地段还是地段",这是房地产业内的一句流行语,足见地段对于房产价值的重要性。要知道,地段的好与坏,直接影响着日后生活的便利程度以及房屋的升值潜力。有时候,处于同一街道不同位置的项目,南边的房子就好卖,北边的房子就不好卖。

对于地段异议,其解决方法应该是引导客户去发现楼盘的其他卖点,给客户灌输现代的生活方式理念。此外,对于楼盘所处地段的劣势,售楼人员还要善于从另外一个角度去挖掘它的优势,比如对于较为偏僻的项目来说,就可以从未来市政规划及巨大升值潜力等角度去说明地段的价值。

需要注意的是,对于客户所提出的地段异议,如果情况属实,售楼人员千万不要牵强否定。这样会给客户不信任的感觉,毕竟如果地段确实不好,一般人都是能感觉得出来的。其实,再好的房子也会有这样那样的缺点,有的缺点你不说购房者也会很快发现,所以售楼人员没有必要刻意隐瞒缺点。但是,对于如何说明缺点,也是非常重要的,如果不讲究技巧,就会造成更大的销售障碍。

对于如何解释楼盘存在的不足之处,主要是要学会避重就轻。这里所说的避重就轻,不是刻意隐瞒劣势或过分夸大好处,而是要学会采用"负正法"来抵消客户的不满。所谓的"负正法",就是先说出楼盘的缺点,然后再根据这个缺点进行说明,以证明这个缺点并非不可弥补。

负正法

所谓"负正法",就是先说出产品的缺点,然后再根据这个缺点进行说明,以证明这个缺点并非不可弥补,业内人士常用"虽然……但是……"句式来表达。

心理学家认为，在听话的过程中，人们更容易注意"但是"后面的内容。如果先说缺点再说优点，那么缺点会被缩小，反之则放大。因此，在推介楼盘时，需要记住这个公式：先说缺点再说优点等于优点，先说优点再说缺点等于缺点。即：

优点→缺点 = 缺点

缺点→优点 = 优点

比如：

说法一："虽然，我们这套房子面积小了一点，但是日照、风向条件都很好，可以说是冬暖夏凉。"

说法二："这套房子日照、风向条件都很好，冬暖夏凉，但是面积小了一点。"

以上两种说法，哪一种客户更容易接受呢？第一句是先介绍缺点，再说优点；第二句是先说优点，再说缺点。很显然，第一句更能让客户接受。

正确应对示例 1

客　　户："这里离市区太远了。"

售楼人员："是这样的，刘先生，可能您觉得距离市中心有一点远，但是现代社会衡量路程的远近，不是看距离的长短，关键是看道路的状况和交通的状况，简单说就是打时间差。举个最简单的例子：您从××到城市广场，距离近吧，开慢一点也就是七八分钟路程。但是如果遇上红灯，车流堵车，那您三十分钟也不一定能到。但是从我们这里到城市广场开车也不过就八分钟的时间。您也知道，××路是双向六车道的，一路上都没有红灯，从城市广场过来可谓是一马平川。"

客　　户："开车是快，不过这里终归不是市中心。"

售楼人员："刘先生，很多客户到我们这里来买房，都是冲着环境来的，我想您也是一样的吧？之前都是有钱人住城里，现在却反过来了，有钱人住郊区，没钱人才住城里。为什么呢？因为郊区环境好，空气清新。在市中心，您能找到这么好的环境，这么低的价位吗？您看我们小区附近有湖，有山，都是自然的风光带；至于人文环境更不用说了，××大学、××学院、外国语中学都在边上。可以说，无论是自然环境，还是人文环境，这里都是一流的，可谓是人杰地灵。您住在这里，不光是拥有了高尚的住宅、优美的环境，更重要的是您拥有了健康的身体、舒适的生活。"

正确应对示例2

客　　户："这里太偏了，像乡下一样。"

售楼人员："是的，刘先生，这里目前是不如市中心繁华。不过，这是暂时的，再过几年区政府就要搬到这里来了，很快就会繁华起来了。"

客　　户："说是要搬迁，可是到现在也没看到动静。"

售楼人员："刘先生，您放心，区政府搬迁到这里已经是铁板钉钉的事了。您看，前两天的日报上还特意刊登了新区的规划方案。买房就是买预期，如果等到区政府搬迁过来，这里发展繁荣起来了，房价就不是现在这个价格了。再说，××小区三年前谁都说远，可今天怎样呢？当时的房价每平方米才4000多元，现在呢，每平方米起码也得15000元吧？刘先生，现在城市建设扩展多快，再过三年这里将是另一番景象，大桥建成通车，中环线开通，我们与市中心的距离一下子就缩短了。到时，这里的房价肯定就会成倍增长，现在不买到时后悔都来不及了。"

客　　户："可是区政府搬迁也没那么快，现在这里还是很偏僻，起码最近两三年生活肯定是非常不方便的。"

售楼人员："这您就更不用担心了，我们在规划设计的时候已经充分考虑到这个问题了。您看，这里是我们规划的商业街，面积有10000多平方米，现在××超市、××购物城都在和我们商谈入驻的问题了。"

情景三：

周边环境不好 / 都是农民房 / 太杂了

在城市开发过程中，除非是新城，否则都是渐进式开发的。因此，有些楼盘，内部环境可能做得不错，但外部环境就不怎么样了。那么，当客户提出该项异议时，售楼人员该如何才能让客户满意呢？

错误应对

1. 这里是郊区，难免农民房会比较多，但是也不会很杂乱啊。

（**点评**：这样的回答并没有消除客户的疑虑，客户还是认为"周边环境不好、太杂"，对于销售并没有任何帮助。）

2. 我没听到有客户这么说过。

（**点评**：如果楼盘的情况真是如此，那么这样的回答就是"睁眼说瞎话"，客户会相信吗？客户甚至会因此怀疑售楼人员的诚信问题，从而疑虑更多。）

3. 要不是因为周边环境比较杂，那每平方米起码要多上 1000 元。

（**点评**：这样的回答倒是很实在，不过也等于默认了客户"周边环境不好、太杂"的说法，客户的疑虑同样没有消除。）

4. 这只是暂时的，这些农民房迟早要拆迁的。

（**点评**：这样的回答同样是默认了客户"周边环境不好、太杂"的说法。至于说将来会拆迁，如果没有拿出具体证据来证明什么时候会拆迁，客户心理同样没底。）

情景解析

买房要看周边环境，这是每位买房者都知道的常识。毕竟，买了房子就要在这里居住了，甚至可能会住上一辈子，如果环境不好，日后住在这里肯定会不舒服。就算是投资性购房，如果周边环境不好，价格上不去，同样是无利可图。因此，当楼盘周边环境确实存在不足之处时，自然会对销售造成不利影响。

需要注意的是，楼盘的周边环境往往是客户非常直观就能看到的东西，是无法辩驳的事实。对此，售楼人员最好不要刻意隐瞒明显存在的缺陷。因为即使你不说，客户也是很容易就能得知的。比如，如果目前楼盘拥有开扬景观，但前面有一地盘已经在动工建设另一幢高层大楼，日后一定会遮挡住楼盘的现有景观。那么在售楼时，售楼人员绝对不可以过分着力于夸大目前景观的"优点"了，一方面客户可能也知道附近正在建楼，你的刻意述说会使客户讥笑你没有市场消息，甚至怀疑你意图瞒骗，另一方面即使客户现在不知道，以后也肯定会知道的，那时客户就会追究起你的责任来。

其实，郊区楼盘虽然地段优势不明显，但是也有很多优势：一个最大的优势就是价格低，相对市区的房价显得很实惠，很多客户就是为了价格便宜才选择郊区楼盘；而且若是该郊区处于交通要道或者地理位置良好，有很大的发展潜力，非常适合投资；周边有众多的农民房，生活配套可以满足日常所需，且消费价格较低；郊区楼盘一般规模较大，小区内部配套齐全；等等。因此，售楼人员在向客户解释的时候，可以先询问客户是自住还是投资，再针对客户的不同购买目的，作不同的重点介绍。以自住客户为例，应向其介绍便捷的交通、实惠的房价、自成一体的小区规模、低价消费品等多种好处，当然还可以向客户灌输一些投资的想法，自住和投资两不误。

如果楼盘位于规划区内，几年内会大规模拆迁重建，那么这是一个说服客户的好理由。最好用一些生动的语言，向客户描述一下这里几年后的景象，如要建公园、高档小区、大型超市等，让客户产生美好的想象。

正确应对示例 1

（自住客户）

客　　户："小区环境是不错，可是边上都是农民房，很杂乱。"

售楼人员："刘小姐，您放心，虽然现在边上都是农民房，但这种情况只是暂时的。这片区域属于新城规划区，未来 5 年里，边上的农民房都会拆掉重建，这里将成为一个新的住宅区，其他市政配套也会相应地完善。"

客　　户："真的？"

售楼人员："这个我怎么能骗您呢，前几天日报上都有报道，不信您可以回去查一查。而且正是因为旁边是农民房，所以它的价格也很低，每平方米才 1100 元，比市中心的房子便宜了上千元。这套房子总面积 120 平方米，算起来足足能便宜十几万元呢。"

客　　户："可是日常生活也不方便。"

售楼人员："刘小姐，这点您完全不用担心，这里生活其实非常方便，一点也不比市中心差。要知道，这里住了好几万人呢，银行、超市、餐饮等样样具备。而且这里还有一点非常好，就是物价比较便宜，生活花费这一块可以节省不少钱，非常经济实惠。"

正确应对示例2

（以投资为主的客户）

客　户："小区环境是不错，可是边上都是农民房，很杂乱。"

售楼人员："王先生，您买房是打算投资，对吧？您也知道，买房投资最看重的就是房子将来的升值能力，这里虽然旁边都是农民房，但是现在到处在拆迁进行旧城改造，根据规划，5年内这些农民房肯定都会拆迁的。您知道城西的××花园吧，几年前和这里差不多，每平方米才8000多元，可是现在呢，政府开发新区，房价涨到每平方米15000元了，收益是非常可观啊。"

客　户："那这里现在多少钱？"

售楼人员："每平方米8500元，比市区便宜了两三千元。这套房子面积120平方米，总价足足便宜了三十几万元啊。买来后您可以出租，租金就抵按揭款。几年后，房价涨了，您一转手，就是一笔很可观的收入。还有，您不必担心出租问题，像这样的房子，只要租金合理，会有很多人喜欢的，最近就有不少人问我这套房子要不要出租呢。"

情景四：

这个朝向（朝北／朝西／东西向）不好

除了地段、户型等，朝向也是购房者重点考虑的一个关键因素。但是，由于地块、成本及规划设计等条件的限制，通常不可能每套房子都是坐北朝南的。在这种情况下，该如何应对客户"朝向不好"的异议呢？

错误应对

1. 我们这是南方，朝北和朝南没什么区别的。

（**点评**：不管怎么说，朝北和朝南肯定都是有区别的。如此轻描淡写的回答是无法消除客户的疑惑的。）

2. 就是因为朝北／朝西／东西向，这套房子才会那么便宜。如果朝南／朝东／南北向，那价格可就不是这样的了，每平方米要贵好几百元呢。

（**点评**：说的虽然符合实际，也很在理，问题是这样的回答无法让客户满意。甚至，如果客户是个心思细密的人，还有可能会产生自己被看不起"买不起更贵更好的房子"的感觉。）

3. 没关系，要不我们去看看另外一套朝南／朝东／南北向的房子吧。

（**点评**：当客户一提出不喜欢，马上就选择放弃，这不是一个成功售楼人员的做法。对于客户的异议，首先要给予一定的正面回答；如果客户到最后还是不能接受，再为客户提供另外的选择。）

情景解析

通常认为，住宅朝向以正南最佳，东西次之，朝北最次。如果不受任何条件的限制，恐怕大部分人都会选择坐北朝南的户型。但是，南朝向的房屋真的适合任何人吗？答案是——不尽然。

出于土地和建筑的限制，不可能所有的户型朝向都如人所愿。当客户对朝向表明异议时，售楼人员不能直接予以反驳，而应首先对客户表示理解，然后再向客户灌输正确的购房理念，引导客户从其他方面（差价、采光、日照、通风、室外景观等）去综合考虑这套房子的利益，做出最适合自己的选择。应让客户认识到，朝向只是评价户型的一个因素，而不是全部因素。比如：

（1）好朝向的房价要高出不少。从一般的设计规律来讲，南朝向的房屋大都是户型最大、面积最大、单价最贵、在整层中总价最高的。按照一般的定价规则，在同一层房屋中，南北朝向的房子比其他朝向的房子每平方米单价通常会贵300元到500元，然而这么大的差价通常仅仅只是意味着购房者购买的是每天享受阳光时间的不同而已。

（2）好朝向不一定采光就好，因为有些朝南的户型前面刚好有高楼挡住，而其他朝向则是面前一片开阔，采光反而更好。

（3）好朝向不一定就通风最好，通风效果的好坏除了与朝向有关外，还与门、窗的方向和大小有关。

（4）好朝向不一定窗景（窗外的景观）最好。现代生活中，人们，尤其是年轻人工作繁忙，白天较少有时间在家休息，再加上空调等各种家电的普及，对于日照等自然条件的要求已经有所减弱，而对优美景色的需求却在增强。大到山景、海景、河景、湖景，小到小区园林、水景，都会或多或少地影响着现代家居生活，因为好的景观会对心情起着重要的调节作用，这也是一些背向阳光、朝向景观的套型反而卖得好的原因。

在向客户灌输正确的购房理念后，如果客户对朝向异议不再那么强烈，售楼人员还应结合客户的实际情况，告诉客户这套房子为什么适合他，购买这套房子对他有什么好处。如此这般，才能让客户欣然接受。

正确应对示例 1

客　户："这套朝北，不好。"

售楼人员："刘小姐，您的想法我能理解，由于观念的原因，大部分客户都不喜欢朝北的房子，而喜欢朝南的房子。其实，一套房子的好与不好，不能只看朝向的，还要综合考虑景观、楼层、采光、户型结构等方面。您觉得呢？"

客　户："这是没错，可是我就觉得朝北的房子，晒不到太阳，整天阴森森的。"

售楼人员："是的，如果整天晒不到太阳，那的确不舒服。不过，刘小姐，您放心，这套房子绝对不会晒不到太阳的。"

客　户："不会吧，你是说这套房子晒得到太阳？"

售楼人员："是的，刘小姐。坐北朝南是公认的好朝向，但不一定是正南正北，不同的地方，房屋的最佳朝向存在一定差别，比如北京的最佳朝向在北部偏东 7 度，有的城市甚至在北偏东 10 度才是最佳。因此，很多南北向房子的朝向并不是正南，而是会偏东或偏西一些角度。就我们这套房子来说，它也不是完全正北，确切地说，它是南偏西 70 度左右，在中午 12 点半到下午 3 点之间太阳就会晒到这里面。"

客　户："您不会骗我吧？"

售楼人员："刘小姐，您放心，这种事情是骗不了人的。昨天中午，我也带了一个客户来看房，当时阳光就晒到这里面来了，就是您现在所站的这个地方。如果您对这套房子的其他条件都还满意的话，等到中午的时候我再带您来看看，您不就清楚了吗？"

客　　户："哦，那好，中午我再来看看。"

正确应对示例2

客　　户："朝西，西晒，不好。"

售楼人员："是的，朝西的房子确实存在西晒这个不足之处。刘小姐，那您觉得这套西晒的与刚才我们看的那套4楼的比，哪套房子综合条件会更好些？"

客　　户："4楼的那套朝东，朝向不错，就是户型结构不太好，太浪费面积了；这套呢，户型是很紧凑，但就是会西晒。"

售楼人员："嗯，是的。所以说，世上没有十全十美的房子，任何一套房子都有它的不足，关键是看您更在意哪一方面了。其实，一套房子的好与不好，不能只看朝向的，还要综合考虑景观、楼层、采光、户型结构等方面。您觉得呢？"

客　　户："这是没错，可是我就觉得朝西的房子，夏天会很热。"

售楼人员："是的，单就这方面来看，西晒的房子夏天确实比较热。不过据我所知，就深圳的天气来说，在夏天，即使是朝东或朝南的房子，大家都还是要开空调的，不开空调根本没法入睡。另外，研究证明，所谓的西晒只是夏天下午2点到4点之间那一段时间阳光比较强烈。可是，太阳升起时您已上班了，下午2点到4点您还没有回家。所以，单纯西晒的问题，对平时生活影响不是很大。还有，我们采用的是空心节能保温砖、双层中空玻璃，再加上家家户户都必备的空调，也足以阻挡西下斜阳那点微弱的热度了。"

客　　户："话是这么说没错，可是这个价格，买朝东的房子也够了吧！"

售楼人员："嗯，看来归根结底还是价格的问题。刘小姐，您过来这边看看，这套房子是不是可以看到城市广场、看到湖？"

客　户："嗯，景观是不错。"

售楼人员："刘小姐，这就是了，任何事情都不可能十全十美，有所得必有所失。这套房子是朝西，可是它的景观要比朝东的更好。这就看您更注重哪一方面了。现在人尤其是您这样的年轻人工作繁忙，白天较少有时间在家休息，再加上空调等各种家电的普及，对于日照等自然条件的要求已经有所减弱，而对优美景色的需求却在增强。窗外景观环境的好坏，已成为评价居住区质量的一个重要标准，谁也不希望开门开窗就看到乱糟糟的景象。"

客　户："那倒也是。我现在住的那套房子虽说朝南，但景观比朝北的都要差。"

售楼人员："是啊，刘小姐，虽然这个户型是朝西的，但由于它可以看到美景，所以卖得比朝东的那个户型还要快。而且这套房子价格又比较便宜，节省下来的钱可以做更好的装修、买更好的家具和电器，非常划算的。"

正确应对示例3

客　户："东西向，不好。"

售楼人员："刘小姐，您为什么会认为东西向的不好呢？"

客　户："别的不说，单西晒这个问题，就足够让人头疼了。"

售楼人员："是的，西晒这个问题的确大家都害怕。不过就咱们本地的天气来说，即使是朝东或朝南的房子，夏天还是要开空调的。另外，所谓的西晒只是夏天下午2点到4点那一段时间阳光比较强烈。而太阳升起时您已上班了，下午2点到4点您还没有回家。而且，您看，我们这套房子只有厨房和卫生间是朝西的，就算是有西晒，也只是晒着了厨房，可是您一年又有几天在下午2点到4点之间做饭呢？所以，单就西晒来说，它对平时生活影响不是很大。还有，咱们的房子采用的是空心节能保温砖、双层中空玻璃，再加上空调，也足以阻挡西下斜阳那点微弱的热度了。"

客　　户："这话是没错，可是我还是觉得东西向的房子就是没有南北向的好。"

售楼人员："是的，刘小姐，如果其他条件相同，南北向的房子的确是比东西向的好。不过，如果结合这套房子的情况，我倒觉得东西向不见得不好。"

客　　户："哦，为什么这么说呢？"

售楼人员："刘小姐，一套房子的好坏，不是只看朝向的，还需要综合评估景观、楼层、采光、户型结构等方面。您觉得呢？"

客　　户："是没错。"

售楼人员："刘小姐，您看，这套房子虽然是东西向的，但它是不是刚好面对中庭？如果是南北向的，它可就看不到中庭了。这就是我们开发商在设计户型的时候所考虑的，因为好的景观会对心情起着重要的调节作用。现在，户外景观环境的好坏，已成为评估小区质量的一个重要指标，谁也不希望开门或开窗时看到乱糟糟的景象。"

客　　户："嗯，那倒也是。"

售楼人员："上次有个客户来看了8楼的这种户型，刚开始也觉得东西向的不好。后来，他带来的一个朋友，可能是懂风水吧，对他说，向东的房子最先见到太阳，大有前途无限光明的希望，而朝西的房子有'赚钱无人知'的意义。听了这话，他二话不说就买了。"

客　　户："哦，我也听过这种说法。算了，要买套十全十美的房子是不可能的。那就这套吧。"

情景五：

我不想买这样的楼层（高楼层 / 中楼层 / 低楼层）

萝卜青菜，各有所爱。有些人喜欢住高层，有些人喜欢住低层。当客户的条件得不到满足时，自然会提出异议。而且，有时候即使客户并不是在意这个问题，为了在谈判中占据有利地位，客户也可能会拿这些小问题出来做挡箭牌。那么，对于这些问题，售楼人员该如何处理呢？

错误应对

1.不会啊，很多人都喜欢买这样不高又不低的楼层呢。

（**点评**：这样的回答会让客户觉得不爽，难道我比较另类？难道别人买什么我就要买什么吗？甚至，会让客户觉得你在信口开河，"其实是很多客户都不愿买这样的楼层"。）

2.您错了，中间楼层 / 高楼层其实是最好的。

（**点评**：这样的回答，太不给客户留面子，会让客户感觉到你太傲慢，看不起他。）

3.那您的意思是想要低一点 / 高一点的楼层？

（**点评**：没有想着去说服客户，也不问客户是因为什么不想要这样的楼层。如此轻易就顺着客户的思路走，只会给自己的销售带来诸多麻烦。）

情景解析

每个楼层都有自己的小气候。楼层不同，对居住者的生活影响也不同。同一套户型，所在的楼层不一样，居住的感觉也会有所不同。

事实上，每个客户的喜好不一样，每个客户的情况也不一样，没有哪个楼层绝对最好的说法。售楼人员应站在客户的角度上，根据客户的实际情况，引导客户选择最适合他的楼层。当然了，关键还在于售楼人员的销售技巧运用，因为每个楼层都有它的优势，如何把这些优势准确传达给客户，让客户接受，才是最重要的。

1. 多层的楼盘中哪层最好?

（1）一、二楼较好，因为楼层比较低，如有孩子和老人，有利于出行与活动，更因为人员走动较多，生活安全系数较高；

（2）三、四楼较好，一直以来都有着"金三银四"的说法，采光好、安全、安静、整洁，既避免了一、二楼低楼层的潮湿，也避免了五、六层爬楼累的问题，兼备了高低楼层的各项优势；

（3）五、六楼较好，采光好，通风好，景观好，没有视线阻碍，价位也较低，因为在顶层，而没有被人踩在脚下的感觉，并且楼层靠近平台，可自由选择使用方式，或种花草，或喂养鸽子等宠物。

2. 高层的楼盘哪层最好?

（1）低的楼层比较好，因为楼层低的话，可以当作多层来居住，这样也符合客户以前的居住习惯，而且在高层中楼层低的话相对价格也是最低的，这样一来升值潜力和投资潜力都有最大的优势，加上有电梯的使用，如此一来，相当于居住在一幢配备了电梯的多层住宅中，生活档次提高；

（2）中间的楼层比较好，景观、通风及采光都较好，同时避免了低楼层的吵闹以及采光遮挡的缺点，也避免了高层有空气、噪音滞留层的污染，价格适中，处于中间位置的话使用电梯也比较方便；

（3）高的楼层比较好，采光最好，通风最好，既然客户选择的是高层，那么对于景观应是比较注重的，而高的楼层没有视线阻碍，视野开阔，景观是最好的。同时配备了很好的品牌电梯，到顶楼的时间不会超过用步行上多层楼的时间，比较方便。另外，高层对于人的信心、精神状态的培养也是一个绝佳的环境。

正确应对示例 1

客　户："二楼太低了，我还是喜欢住高点的。"

售楼人员："嗯，大姐，每个人喜好都不一样，有些人喜欢住高楼层，有些人喜欢住低楼层。不过，根据您的情况，我觉得这套2楼的还是非常适合你们的。"

客　户："哦，怎么说？"

售楼人员："刚才您说，到时您父母也要来一起住，是吧？"

客　户："是的。可是这里有电梯，住高层对老人也没什么区别吧？"

售楼人员："大姐，是这样的，虽然说有电梯，老人也不用爬楼，影响不大。不过，老人居住最讲究的是生活便利，而从生活便利角度来说，虽然配备有电梯，但低楼层一般还是要比高楼层更为方便。而且，电梯并不适合所有人，通常人们在坐电梯的时候都会有失重的感觉，尤其是乘坐高速电梯下楼时，会觉得心被悬在半空中，当电梯停下来的时候，又有'一块石头落地'的感觉。而且，楼层越高，价格越高，每层单价要加100元呢。"

　　客　　户："嗯，这也是。"

正确应对示例 2

　　客　　户："这套房子没有电梯，楼层又这么高。"

　　售楼人员："是的，的确是有点高。不过，南方的天气比较潮湿，楼层高正好可以帮助空气流通，降低湿度。而且房子里的光线也会比较好。您这么年轻，其实每天走走楼梯当做锻炼身体，也是很不错的。"

　　客　　户："爬楼梯，夏天回到家都一身汗，今天才二十度，我都流汗了。"

　　售楼人员："哦，您比较怕热是吧？没有电梯是比较不方便，但是相对于电梯房，我们这里的价格便宜多了。前面那个楼盘，就因为是电梯房，每平方米就要15000元，足足比这里高了1000多元。还有物业管理费，比这里贵了上百元，一年下来可是笔不小的开支。"

　　客　　户："那也是。"

情景六：

靠近马路 / 铁路 / 飞机场 / 广场，太吵了

不可能每个楼盘都是环境优美、交通便利。有些楼盘，由于靠近大马路、高速公路、飞机场、火车站等地，虽然交通十分便利，但是噪音相对较大，住家显得太吵；有些楼盘，附近有较大或较多的娱乐场所，晚上尤其是凌晨之后会比较吵，居住很容易影响到正常的作息。当客户提出这样的异议时，售楼人员要如何化解呢？

错误应对

1.只是白天比较吵，晚上就不会了。

（**点评**：这样的解释缺乏足够的说服力，同时又向客户承认了这里白天比较吵，照样会影响到客户的生活作息。）

2.这条路车辆不是很多，不会很吵。

（**点评**：这样说的一个前提条件是这条路车辆确实不多，如果情况不属实，客户经过查证之后发现了，会认为你有意欺骗，对你失去信任。）

3.不会一直很吵的，只是偶尔。

（**点评**：这种说法同样缺乏足够的说服力，而且直接承认了客户所提出来的缺陷，更加肯定了客户"太吵了"这个看法。）

4. 虽然比较吵，但是价格比较便宜。

（**点评**：这是用"负正法"来帮助客户分清主次，但是环境吵闹这个缺点是可以通过一些措施来补救的，最好要教客户如何降低噪音，这样一来该缺点就不是大问题了。）

情景解析

靠近马路、铁路等地方的楼盘，大部分客户的第一反应都是怕很吵，影响自己的正常生活。应该说，靠近马路、铁路等地方的房子相对小区内侧的房子来说必然会有一些噪音，对此售楼人员不需要极力否认，而是要有技巧地承认并且说服客户相信这不是无法解决的缺陷。

首先要告诉客户，这个缺点只要通过一些小小的改造措施就能补救，比如只要安装一个双层隔音玻璃（最好向客户推荐一些有较强隔音功能的玻璃窗），把窗户一关，就可以把大部分噪音挡在窗外，再也不用为噪音烦恼。如果马路边上有绿化，也可以作为说服客户的工具，向客户表示绿化有降低噪音的功能。

其次，利用"负正法"来帮客户分清主次。靠近马路的房子当然价格也比较低，通常比同样户型向小区内侧的房子便宜好几万元。而且视野比较开阔，采光性相对来说也比较好。在向客户分析的时候，最好用具体的数字来刺激客户，比如内侧的房子每平方米 15000 元，这一套每平方米只要 13000 元，以 100 平方米的面积来计算，足足可以省下 20 万元。如果客户是打算投资，那么更要着重强调价格优势，以低价取胜。

正确应对示例 1

（**自住的客户**）

客　　户："紧临马路，太吵了。"

售楼人员："张小姐，其实这条路的车流量不大，也不会有大型车经过，我们平时都在公司上班，晚上回来的时候就安静了很多。如果您还是怕吵，我建议您安装一个双层隔音玻璃，我一个客户也买了一期靠近马路的房子，他在装修的时候请师傅安装了这样的玻璃窗，窗户一关，就基本上听不到外面的噪音了。"（告诉客户这个缺点是可以补救的）

客　户："能行吗？"

售楼人员："没问题的，我可以问一下那位客户，看他装的是哪种隔音玻璃。而且，您也发现了，这栋楼的房价要低好多，每平方米低了2000元，一套就便宜了20多万元，非常划算的。况且，这套房子还在十楼，视野也非常好，采光也一流，总的来说，性价比还是非常高的。"（用其他优点来弱化缺点）

正确应对示例 2

（投资的客户）

客　户："这套房子就在马路边上，太吵了。"

售楼人员："张小姐，刚才您说您是想买来出租，那么这套房子是再适合不过了。正因为路边比较吵，所以价格也很低，每平方米比小区内侧的房子低了500元，按100平方米的总面积来说，您足足省下了5万元，经济实惠何乐而不为呢？"（强调价格优势）

客　户："出租的人嫌吵怎么办？"

售楼人员："这个您不用担心，只要安装一个双层隔音玻璃，让他们把窗户一关就可以了。租房子和自住不同，只要您的价钱开得合理，不会在意这么多问题的。您以这么低的价钱买进来，出租个几年，等房价涨了，您一转手就是一笔很可观的收入。"（再次强调价格优势）

情景七：

算了，期房风险太大，还是买现房好

在中国房地产市场里，很多都是属于期房销售模式。对于期房，由于楼盘尚未竣工交房，购房者心理多少有些担心，担心会不会成烂尾楼，担心开发商会不会卷款潜逃等。有些客户甚至会因为这些担心，谈了半天后还是想选择放弃购买期房。对于客户的这种心理，售楼人员该如何引导呢？

错误应对

1. 放心吧，大家都是这么买房的。

（**点评**：这样的回答并没有消除客户的疑虑。）

2. 您这么说，是不相信我们了？

（**点评**：客户凭什么非要相信？客户本身就是因为信心不足，但售楼人员这么说就会让客户变得难堪。）

3. 放心吧，我们是大开发商，绝对不会有问题的。

（**点评**：没有拿出具体有力的证据来证明自己，就凭自己说没问题就没问题了吗？）

情景解析

买期房还是买现房，对于许多购房者来说是一个艰难的抉择。其实，期房和现房各有好处和不利之处，没有绝对的好，也没有绝对的不好。不同的人有不同的看法，最重要的是根据自己的需求和关注点，作出对自己最有利的抉择。

当客户提出对购买期房的顾虑时，售楼人员首先要通过举例或拿出有力的证据来证明自己的实力，取得客户的信任；另外，要向客户分析期房的优点，让客户明白购买期房所能得到的各种好处，以抵消心里的不安情绪。

从专业角度来说，期房是指开发商在取得商品房预售许可证后到完成商品房初始登记为止所出售的商品房。习惯上，我们把市场上在售的、尚未完工的、不能马上交付使用的商品房都称为期房。购买期房具有如下优点：

（1）价格低

开发商之所以乐意以期房出售，其中一个最为主要的目的就是募集资金。房地产开发需要大笔的投资，而且投资周期较长（通常情况下一个楼盘的开发需要两年以上的时间），对于大多数开发商而言，资金是非常具有吸引力的。因此，为了吸引资金，在期房销售中，开发商一般会采取"低开高走"的价格策略，给予消费者较大的优惠。通常情况下，同一项目期房价格相对现房一般要优惠10%左右，这也是新盘开盘总是人气比较旺的原因之一。

（2）设计先进

在规划设计上，期房通常具有较大的优势。由于建设日期的不同，期房的规划设计理念会与目前的市场流行趋势更为接近，而且大多避开了当前市场上现房的设计弱点，因为现在的现房多是前几年设计的。此外，为了促进销售，有些开发商还会推出可按自己构想改变房型格局的方案。

（3）选择余地大

人们通常会发现，去一个已经建好的现房项目买房时，那些楼层好、朝向好、户型结构好、景观视野好的房子基本上都已经是名花有主了，余下的多是或多或少有些缺陷的房型。相比现房，期房的选择余地较大，有利于抢占先机，优先选择综合品质较好的房子。特别是在销售初期，由于销售工作刚刚展开，购房者在房型、面积、朝向、楼层等方面都会有更多的选择。

（4）升值潜力大

从期房到现房，价格通常会有一个较大的提升，也就是说，期房的升值潜力要更大。如果眼光好些，多了解一些市政和道路规划，在一些尚未形成规模的地带购买期房，增值空间就更为明显。

（5）质量好控制

对于期房，由于尚处在建设中，购房者更容易发现质量问题，尤其是对于墙体、地板、隐蔽电路等建好以后不易看到的情况。

正确应对示例 1

客　　户："你们还没竣工，等建好了我再买吧。"

售楼人员："张小姐，换了我是您，看房时看到的是一片空地，心里难免也有点凉，但您可清楚，今天即使您看的是现房，有可能同样会不满意。"

客　　户："哦，为什么？"

售楼人员："您可知道，一个楼盘从规划施工到建成要几年吗？根据楼盘大小和开发商的实力，通常需要两三年以上。所以，如果您现在看到的是现房，那设计肯定是几年前的，现在的房地产市场发展那么快，几年前设计的房屋户型都过时了，肯定不如期房设计新颖。比如说外飘窗、彩铝、无烟灶台、集中烟道等，目前市场上的现房几乎无一采用，但我们都用上了。还有，如果等到房子看得见，大家都想买的时候，价格肯定不一样了，中间至少有40%的差价，您说对吗？也就是说风险和回报是同时的。事实上，我们××是国内知名开发商，实力雄厚，工程建设也很快，我们写进合同的时间肯定是留有余地的，我们对工期的重视程度肯定超过您，因为这点关系到公司的信誉和能否赢利。"

客　　户："嗯，说得也是。就是我父母老是担心这担心那。我再和他们说说。"

正确应对示例 2

客　　户："你们现在说的那么好，不会建起来就不一样了吧？"

售楼人员："张小姐，这怎么可能呢？首先是图纸是报批了的，都是备了案的，如果有一点点走样，验收时肯定通不过。到时是要经过质检站及房地产管理局联合验收的，谁敢呢？再说我们的工程单位是获得过六次鲁班奖的××公司，在高层建筑业内数一数二，有质量和信誉保证。况且现场还有我们工程部的监督，每层都要验收才能继续建的，第三点，我们这是第一期工程，建不好，二期、三期工程怎么往下进行？土地都是花了几千万元征来的，能没保证吗？"

正确应对示例 3

客　　户："你们能按时交房吗？"

售楼人员："张小姐，我能理解您的担心。其实，能不能按时交房，这个关键在于资金能否有保证，能否按时到位，现在的开发商谁也不会都用自有的资金搞开发，一般都是自筹30%，其余70%是向银行贷款，如果销售情况不好，银行贷款还不了，资金就没有保障，那么就建不起来。但我们的现状就是开发与销售同步进行，我们销售情况良好，源源不断，房子怎么会建不起来呢？何况，我们写进合同的时间是把一些其他不能预测的因素也考虑进去了，如果不考虑这些因素我们的交房时间将会更短，这不就是充分为您考虑好了吗？再者说，我们是全国知名开发商，不是只开发这么一个项目，目前在建的项目就有七八个，北京、上海都有，如果这个项目没做好，别的项目能不受影响吗？"

正确应对示例 4

客　　户："最近好多开发商都卷款潜逃了，这实在让人担心。"

售楼人员："张小姐，我能理解您的担心。不过，对于我们，您完全可以放心。首先我们是央企，实力雄厚；其次，作为开发商，我们前期投入资金已经有三亿多元了，这是实实在在干事业，我们的会所已经做好了，这都是有目共睹的，刚开盘时确实有个别客户问过这方面的问题，而现在这样的客户不仅买了房子还与我们成了朋友。现在您也看到了，我们都已经快封顶了，资金投入一大半多了，哪可能还会卷款潜逃？而且我们公司主要盈利并不在一期工程上，主要指望后期产生效益，您现在实际上也是在赚钱。所以现在是买房产的最好时机，就像买原始股，稳赚不亏。您觉得呢？"

情景八：

你们是小开发商吧，以前都没听过

　　品牌的力量是无穷的，同样的地段同样的环境，知名开发商的房子总是比其他普通开发商的房子要好卖些，价格也要高些。当客户对开发商的实力提出质疑时，该如何应对呢？

错误应对

　　1. 不会吧，我们都已经开发过好几个楼盘了。

　　（**点评**：这样的回答有点责怪客户"您怎么连这个都不知道"的意思，容易让客户产生误解。）

　　2. 您没听说过不代表我们就是小公司。

　　（**点评**：客户又不是房地产专业人士，没听过公司名号很正常，售楼人员这么顶着说就会让客户变得难堪。）

　　3. 我们确实是家小开发商，不过您放心，我们的房子绝对不会有问题的。

　　（**点评**：这样直接承认自己是小开发商，会让客户对你们公司的实力以及楼盘之类产生怀疑，毕竟买房是件人生大事，人们更愿意买大开发商开发的楼盘，工程工期和工程质量都会有所保障。仅凭售楼人员的一句口头保证，没有客户会真正信服的。)

情景解析

　　随着房地产市场的迅速发展，大大小小的开发商也如雨后春笋般冒了出来。除了一些全国性的品牌开发商以及曝光率较高的大开发商，对房地产不了解的人很少知道中小开发商的公司名称。因此，在楼盘销售中，经常会听到客户有"这开发商没听说过，是个小开发商吧"或者"我怎么没听说过你们这个开发商"之类的疑问。

　　售楼人员一定不能小视这类对公司或品牌的异议，它会影响到购房者对楼盘以及对售楼人员的信任度，继而影响交易进程。在化解客户异议的时候，最好能提供一些有力的证据或者说法，以增强客户的信心。具体而言，对于客户的这类疑问，售楼人员要分两种情况做出合理的解释：

　　1. 如果本身就是个有实力的开发商，只是由于客户对房地产不甚了解，或者由于公司在这个城市刚开始开发楼盘，那么售楼人员就应从开发商的资质等级、曾经开发过的知名楼盘等方面入手，让客户真正了解开发商的实力，以增强客户的信心。比如告诉客户"我们是一级房地产开发商，实力肯定没问题，已经开发过 ×× 楼盘，这些楼盘的情况都可以在网上查到"；"曾经获得过 ×× 荣誉"，这些荣誉如果能拿出证明文件最好，不能拿出的也可以告诉客户在哪里可以查询到。这样，就能获得客户的信任。

　　2. 如果确实是个小开发商，售楼人员也不能极力否认。这种事情是隐瞒不了的，客户一查就清清楚楚了。但是如果只是单纯地承认自己是小开发商，会让客户觉得自己的判断没错。对此，售楼人员在坦承自己是小开发商的同时，还要向客户具体介绍公司以及楼盘的情况，并举例或提供一些具体证据，向客户证明自己虽然刚刚起步，但并不是不可信任的，甚至在很多细节方面比大开发商做得更好，因为为了打开市场，开发商非常注重形象和信誉，希望能给早期业主留下好口碑，一定会非常注重建筑的品质，而且价格相对大开发商而言更加实惠，等等。

正确应对示例 1

客　户："之前都没听说过你们公司，你们是个小开发商吧。"

售楼人员："张先生，看来您对房地产行业挺了解的。您说的没错，我们公司不大，但麻雀虽小五脏俱全，我们公司有一套严格的经营管理体系，非常注重企业的信誉和客户的口碑。业内都说'早期的业主是最好的广告'，此次我们公司大投入，就为了开发这个有特色且有质量保证的楼盘，让你们这些早期入住的业主满意，再帮我们宣传宣传。很多大的地产公司都是这么一步步发展起来的。"

客　户："哦。"（还略有迟疑）

售楼人员："上个月，也就是五一的时候，我们做了一个现场咨询活动，到现场咨询的客户络绎不绝，一直在关注我们的项目，甚至有些客户从我们项目挖地基就在关注了。公司对这个楼盘是非常有信心的。五一过后也有很多客户过来咨询，问什么时候封底，什么时候开售。您看，我这里还有活动的照片。"（拿出资料增加可信度）

正确应对示例 2

客　户："之前都没听说过你们公司，你们是个小开发商吧。"

售楼人员："张先生，很多人都有这样的误解，以为我们是个小开发商。其实，我们是个非常有实力的开发商，资质等级是一级，是开发商资质中最高的等级。之所以有些人认为我们是小开发商，是因为这个项目是我们在厦门也是在福建的第一个项目，房地产市场的地域性很强，

没有在本地开发过项目的，大家就比较少听说过。我们在*广州、深圳甚*
*至上海*都开发过不少楼盘。”

　　客　　户："哦。"（还略有迟疑）

　　售楼人员："张先生，您放心，这点是骗不了人的。来，您看看这是
我们公司之前开发过的几个楼盘，像这个××项目，现在还是××地
区的地标建筑呢。"（拿出资料增加可信度）

情景九：

你们户型太大了，我不需要这么大的

几十平方米的房子有人住，几百平方米的房子也有人住。应该说，一般人都希望能住上大房子，又宽敞又明亮。但土地资源有限，个人经济能力也有限，不可能人人都能住大房子。而开发商呢，出于市场定位、地块条件、规划设计等方面的考虑，有的楼盘大户型多，有的楼盘中小户型多，有的楼盘是大中小户型都有。总之，众口难调，有些客户就会对楼盘的户型提出异议：你们户型太大了，我不需要这么大的房子。对此，售楼人员该如何应对呢？

错误应对

1. 小户型有什么好，大房子住得才舒服。

（**点评**：人人都想住大房子，但问题是经济条件得允许。如果客户是由于经济条件限制无法买大户型，这样的回答会让一些比较敏感的客户觉得你是在嘲笑他没钱。）

2. 好多人都还说我们房子不够大呢，你竟然还说这房子太大了。

（**点评**：每个人情况都不一样，不要以为客户都是相同的。这样的回答，会导致客户的不满：你是不是在嘲笑我没钱，买不起大房子？）

3. 对不起，我们楼盘都是大户型，没有小户型。

（**点评**：销售中，应尽量使用肯定句，少用否定句。客户有时并不是真的不想要这样的户型，并不是真的嫌这房子太大。这样的回答，等于是轻易放弃了这个客户。）

情景解析

当客户提出"户型太大"的异议时，售楼人员首先要了解客户为什么会有这样的异议，多问问为什么，或者根据前期沟通所掌握的客户情况分析客户提出该异议的原因。了解客户的原因之后，售楼人员应根据客户的不同情况给予不同的处理：

第一种情况，是客户经济条件有限，没法买得起大房子。对于这种情况，售楼人员可以先采用价格分摊法，把价格化整为零，减轻客户的心理压力；如果客户确实还是觉得无法接受，售楼人员就应站在客户的立场上，为客户推荐一套适合他的房子。即使自己楼盘并没有适合客户的房子，也可以向客户推荐其他楼盘，以获取客户的好感。

第二种情况，是客户对房子不满或者价格不满，而故意提出户型太大的假异议。对此，售楼人员应进一步探询客户的真实考虑，只有这样，才有办法正确处理客户异议，说服客户。

第三种情况，是客户经济条件允许，只是觉得暂时没必要买这么大的房子。对此，售楼人员可以根据客户情况，有针对性地予以说服。比如，对于家庭成员较多的客户，可以从家庭成员方面入手，上有老下有小，需要的活动空间比较大；对于投资性购房的客户，可以从保值性和投资价值入手，表示如今小户型单价高，且对地段和周边环境配套要求很严格，和大户型相比投资性不强；对于过渡性购房的，则以高性价比吸引客户的关注。

具体到沟通技巧，可以从以下几个方面说明大房子的好处：

（1）买房子是一辈子的事。如"买房子很累，这样的房子可以一步到位，以后不用再换了"。

（2）把客户归为先知先觉的人。随着人们生活水平的日益提高，大户型是未来发展的趋势。如"您比别人早享受了一步"。

（3）户型功能细分更是未来发展的趋势，能够满足你居家生活的更多需求。如"您可以有自己的书房，静静地读书、沉思，而不会有人打扰您"。

（4）向客户的虚荣心求助。如"面积大的房子是像您这样事业成功、生活质量要求高的人才能够享受的，不是一般人可以享受的"。

（5）父母暂住，节假日亲戚朋友的往来聚会，肯定需要更大的空间。

（6）国外发达城市居住水平及生活现状的描述，如"美国的今天就是我们的明天"。

（7）每个家庭成员拥有更多的空间，互不干扰，有利于身心健康，更好地生活工作，如"大面积是更高生活品质的体现"。

（8）尽述小面积的缺点，发扬大面积的优点。使客户情绪化，将客户带入到生活在这样的房子里未来种种美好的憧憬之中。

（9）业主们相近的素质，令你更有认同感、归属感，对孩子的教育与成长也很有利。

正确应对示例 1

客　　户："你们的户型太大了，我们不需要那么大的。"

售楼人员："张先生、张太太，刚刚听你们说，你们父母很快就要退休了？"

客　　户："是的。"

售楼人员："厦门居住环境这么好，到时你们父母退休后就可以来厦门养老了。就算父母不是长期待在厦门，老人家想念孙子，肯定也会经常来的。所以，一般来说，买个三室也是很有必要的。你们觉得呢？"

客　　户："说的是没错，可是三室总价那么高，月供压力也会很大的。"

售楼人员："张先生、张太太，你们都是在××这样的大公司，肯定有交住房公积金吧？如果用住房公积金贷款，利率低好多呢。而且，你们每个月的住房公积金都可以直接还按揭。请问你们现在住房公积金一个月有多少钱？"

客　　户："我们两个合起来大概 4500 元吧。"

售楼人员："哇，这么多，真羡慕你们，在大企业就是好，我们一个月才四五百呢。这套 110 平方米的舒适三居，20 年按揭，每月月供只需要 7800 元左右。扣除你们的住房公积金，实际上每个月只需要再付 3300 元左右。这对于你们的工资来说，应该是很轻松的吧？"

正确应对示例 2

客　　户："你们的户型太大了，我们不需要那么大的。"

售楼人员："陈先生，两室 80 平方米，三室 110 平方米，是最适合的户型面积标准。请问您是因为什么原因觉得我们户型太大呢？"

客　　户："如果单说户型，这样的户型确实是不错，不大不小。不过，这样下来，我首付就不够了。"

售楼人员："那陈先生，能否告诉我，您预计的首付款是多少呢？我帮您计算一下，这套房子首付得多少钱？"

客　　户："四十万元以内吧。"

售楼人员："我大概算了一下，这套房子的首付需要 65 万元左右。要不这样，我带您去看看另外一套两室的，80 平方米，在 11 层，可以看到 ×× 公园。那套房子首付只需要 37 万元左右。"

客　　户："好的。"

情景十：

楼盘存在某些明显缺陷，怕说出来会让客户退却

十全十美的楼盘是不存在的，任何楼盘都或多或少的存在一些不足之处，甚至有些缺陷还是很明显的。在这种情况下，是该对客户实话实说，还是避而不谈呢？

错误应对

1. 光说优点，不谈缺点。

（**点评**：对于一些楼盘明显存在的缺陷，即使售楼人员什么都不说，客户也很快就能发现，到时就会觉得售楼人员不够诚实，降低对你的信任度。）

2. 实话实说，让客户自己选择判断。

（**点评**：实话实说是诚实，可是话要巧说，否则只能降低客户对楼盘的兴趣度，毕竟谁也不想买一套存在缺陷的房子。）

情景解析

在售楼的时候，有些售楼人员会为了尽可能地提升销售业绩，获取

更多的利润，而极力夸大楼盘的优点，对它的一些缺点却避而不谈，甚至想"瞒天过海"，欺骗客户，编造一些并不存在的优点。有时候，碰到客户自己提出来楼盘的某些缺点，即使这些缺点是事实存在的，他们也会矢口否认。

1. 诚实是最好的销售策略

切·格瓦拉说："任何与事实不符的语言都没有任何实际意义。"而且要知道，世界上没有不透风的墙，真相是藏不住的。如果客户对房子有一些了解，或者本身就是一名房地产专业人士，一旦发现你所阐述的漏洞，必然会对你的服务态度和职业道德产生怀疑，甚至不再信任继而取消购买意向。

有一名新进的售楼人员就犯了这种错误，在推介楼盘时不顾后果地夸夸其谈，当客户发现真相后，不仅取消了合作意图，还向公司投诉，同时把该名售楼人员的恶劣行为通过网上论坛告诉了其他准备购买这个楼盘的客户，提醒其他客户不要上当受骗。结果可想而知，不仅他自己受到了公司的处罚，楼盘的形象也大打折扣。

2. 主动说出不足之处

世界上没有十全十美的房子，任何房子都存在一定的缺陷，这些缺陷可能会使我们售楼人员的工作陷入困境。多数时候，它是我们售楼人员销售失败的罪魁祸首，所以大多数售楼人员在销售时往往都会刻意避免提到这些缺陷。

这的确符合人的思维方式，可实际情况是，只讲优点也不一定能成功。在售楼过程中，一味地说自己的楼盘有什么优点，但却闭口不谈有什么缺点，有时候反而会给客户带来不信任的感觉，毕竟任何一套房子都会存在一定的缺点，有的缺点你不说客户也会很快发现。与其等着客户发现，不如主动说出来。

3. 实话也要巧说

的确，在售楼过程中如实地说出楼盘的优缺点，可以获取客户的信任，但在这里需要强调的是——说实话也是需要讲究技巧的。有时候，尽管你向客户所阐述的都是关于楼盘的真实信息，但是客户仍然会怀疑你所说的真实性；还有一些时候，当你冒冒失失地将楼盘的某些缺陷告诉客户的时候，客户会因为接受不了这些缺陷而放弃购买。

因此，即使是说实话，也要讲究一定的技巧。掌握一定的技巧，不仅可以使客户对你对楼盘更加信赖，而且还可以有效地说服客户，使客户产生更加积极的反应。为此，在主动提及不足之处时，必须采用正确的方式，首先就是要学会"避重就轻"。

这里所说的"避重就轻"，并不是要你去刻意隐瞒楼盘的缺陷或过分夸大楼盘的优点，而是要你学会采用前文所说的"负正法"来抵消客户的不满态度。

很多时候，我们在说话时都是先说好的，再说不好的。但是，"负正法"却恰恰相反，它是先说不好的，再说好的。我们来比较一下，看看哪种方法对我们的销售更为有利：

说法一："虽然这套房子有点贵，但是赠送了 15 平方米的入户花园，等于这套户型的实际面积达到了 108 平方米……"

说法二："这套房子赠送了 15 平方米的入户花园，实际面积达到了 108 平方米，所以会有点贵……"

如果你是一名购房者，更容易接受哪句话呢？简单来说，第一句先苦后甜，第二句先甜后苦。很显然，一般人都选择先苦后甜。

正确应对示例

　　售楼人员："王先生，虽然这套房子面积小了一点，但是日照、风向条件都很好，可以说是冬暖夏凉。"

　　客　　户："嗯，光线确实很好。前几天去看了××楼盘的一套房子，明明晒不到太阳，那售楼人员还一直说完全没有问题。"

情景十一：

客户所提出的楼盘不足之处确实存在

对于楼盘存在的一些不足之处，客户自己提出来了，这时候该怎么办呢？承认这些不足吧，担心客户会就此取消购买意向；不承认吧，又担心客户会说我们不够诚实。

错误应对

1.这没办法，每个楼盘都不可能是十全十美的。

（**点评**：话是没错，没有一个楼盘是十全十美的。问题是，你这样的回答等于强化了客户对于楼盘不足之处的看法，从而对客户的购买决策造成负面影响。）

2.与客户争辩，不能让客户觉得这些缺陷确实存在。

（**点评**：既然这些不足之处确实存在，你还与客户争辩，不是狡辩是什么？这样只会让客户对你的诚信产生怀疑，而不会改变客户的看法。）

情景解析

所谓"补偿法"，就是指当客户提出的异议有事实依据时，你应该承认并欣然接受，强行否认事实是不明智的举动。明智的做法是，先肯定确实存在的缺点，然后淡化处理，利用楼盘的其他优点来补偿甚至抵消这些缺点。

需要注意的是，如果客户的反对意见正好切中了楼盘存在的缺陷，你必须给客户一些补偿，引导客户从楼盘的优势方面来考虑问题，使客户取得心理上的平衡，也就是让他产生一种感觉："楼盘的优点对他来说是重要的，楼盘不具备的优点对其而言是相对较不重要的，楼盘的售价和价值是一致的。"

补偿法的使用范围广泛，效果也很实际，关键是要把握楼盘的优点和利益。例如某品牌广告词："我们是第二位，因此我们更努力！"其实也是一种补偿法。

正确应对示例 1

客　　户："书房小了点。"

售楼人员："是的，王先生，这书房确实不是很大。因为这是一套小三居，如果书房的面积再大，就只能牺牲客厅和主卧的面积了。"

正确应对示例 2

客　　户："别的还行，就是朝西不太好。"

售楼人员："嗯，王先生，朝西确实没有朝南好。如果是朝南，每平方米最少要加 1000 元，像这样的房子总价就要多十几万元了。"

情景十二：

你们为什么要请 ××× 代言啊？应该请 ××× 更好

有时候，客户会提出一些与楼盘品质、价格等都无关的异议，比如"你们为什么要请 ××× 代言啊？她有什么好"。对于这些异议，售楼人员该如何面对呢？

错误应对

1.告诉客户我们请 ××× 代言是出于全方位的考虑。

（**点评**：这有意义吗？客户不会关心你是出于什么考虑，客户这么说只是他的个人喜好而已。而这些方面，事实上对于你的推销是没有什么影响的。）

2.对客户的这些异议丝毫不予理睬。

（**点评**：即使客户所提出的异议与销售无关，售楼人员也不能完全不予理睬，否则客户会认为受到了忽视。）

情景解析

当客户提出一些反对意见，并不是真的想要获得解决或讨论时，这些意见和客户的利益扯不上直接的关系，也不至于给你的销售活动带来影响，你只要面带笑容地表示同意，或微笑着不作答就可以了。

国外的推销专家认为，在实际销售过程中，80% 的反对意见都应该冷处理。对于一些"为反对而反对"或"只是想表现自己的看法高人一等"的客户意见，若是不分主次地认真地处理，不但费时，而且有旁生枝节的可能，比如客户会认为你是在挑他毛病。只要满足客户表达的欲望，并采用忽视法迅速地引开话题，就是你最好的做法。常用的"忽视法"有微笑点头（表示"同意"或表示"听了你的话"）、回答"你真幽默""嗯！高见！"等。

正确应对示例

售楼人员："您放心，我们海报上承诺的这些项目，交房时都会实现的。"

客　　户："哦，真的呀？那海报上的这个美女呢？"

售楼人员："王先生，您可真幽默。"

情景十三：

客户提出来的意见或看法是错误的

售楼人员有售楼的技巧，客户在购房时为了获取更多的优惠或使自己在谈判时占据有利的地位，通常也会运用一定的技巧，也有他自己的"秘诀"。因此，在售楼的时候，我们经常可以看到有些客户会有意无意地提出一些楼盘本身不存在的缺陷。面对客户的这些"不实之言"，售楼人员该如何应对呢？

错误应对

1.直接反驳客户。

（**点评**：除非是对楼盘销售或客户购买决策有重大影响的"不实之言"，否则不要随便直接反驳客户，那样会让客户感觉没面子，甚至会激怒客户。）

2.对客户的错误意见或看法不予理睬。

（**点评**：即使客户提出的意见或看法是不对的，售楼人员也不能不予理睬，否则就等于是默认了客户的错误意见或看法。）

情景解析

　　有一句话说："客户永远是对的；如果客户错了，请参照第一句。"为此，客户的意见无论是对是错、是深刻还是幼稚，你都要表示对他的尊重，绝对不能表现出轻视的样子，如不耐烦、轻蔑、走神、东张西望、绷着脸、耷拉着头等。相反，你要双眼正视客户，面部略带微笑，表现出全神贯注的样子。同时，你也不能语气生硬地对客户说"您错了""连这您也不懂"。不能显得比客户知道得更多，如"让我给您解释一下……""您没搞懂我说的意思，我是说……"，因为这些说法是明显地抬高自己，贬低客户，会挫伤客户的自尊心。

　　当客户提出的意见或看法是错误的时候，售楼人员应该根据不同的情况，运用不同的方法进行处理。

1. 间接否认法

　　所谓"间接否认法"，是指在客户提出异议后，售楼人员先给予肯定，然后再说出自己的观点或意见，以避免和客户发生正面冲突。

　　人有一个通性，就是不管有理没理，当自己的意见被别人直接反驳时，内心总是不痛快的，甚至会被激怒，尤其是遭到一位素昧平生的售楼人员正面反驳的时候。所以，屡次正面反驳客户，会使客户恼羞成怒的，就算你说得都对，也没有恶意，还是会引起客户的反感。因此，运用间接否认法可以缓和客户的对立情绪。

　　间接否认法通常采用"是的……如果……"的句式。其实，"是的……如果……"是源自"是的……但是……"的句法，只是"但是"的字眼在转折时过于强烈，很容易让客户感觉到你说的"是的"并没有包含多大诚意，因为你强调的是"但是"后面的诉求，因此，在表达不同意见时，尽量利用"是的……如果……"的句法，软化不同意见的口语。用"是的"

表示肯定客户的意见，用"如果"表达是否另一种状况比较好（即说出你自己的观点）。

请比较下面的两种说法，感觉是否有天壤之别。

A："您根本没了解我的意见，因为状况是这样的……"

B："平心而论，在一般的状况下，您说得都非常正确，如果状况变成这样，您看我们是不是应该……"

A："您的想法不正确，因为……"

B："您有这样的想法，一点也没错，当我第一次听到时，我的想法和您完全一样，可是如果我们做进一步的了解后……"

养成了用 B 的方式表达你不同的意见，你将受益无穷。

2. 直接反驳法

所谓"直接反驳法"，是指当客户提出异议时，售楼人员就直截了当地予以否定和纠正。如果运用得好，直接反驳可以增强客户的购买信心，可以给客户一个简单明了、不容置疑的解答。

按照常理，在售楼活动中直接反驳客户的异议是不明智的，因为直接反驳客户容易引起争辩，可能会给客户心理增加压力，甚至会激怒客户而导致销售失败。如果因为直接反驳而使客户感到自尊心受伤害，那么，即使房子再好，客户也会拒绝购买。另外，如果措词使用不当，会破坏销售气氛以及双方的情绪，从而使你的销售活动在客户原有异议之外又增加了新的障碍。

因此，直接反驳法仅用于客户提出的反对意见明显不正确的情况下。在有些情况下，你确实必须直接反驳以纠正客户不正确的观点。比如：客户对企业的服务、诚信有所怀疑或客户引用的资料不正确等情况。出现上面两种状况时，你必须直接给予反驳，而不能坐视不理。因为如果客户对你以及企业的服务、诚信有所怀疑，你拿到订单的机会几乎可以说是零。这个道理很简单，如果保险企业的理赔诚信被怀疑，你会去向这家企业投保吗？如果客户引用的资料不正确，而你能以正确的资料佐证你的说法，那么客户一般会接受你的反驳，并且可能会对你更信任。

无论如何，直接反驳客户异议毕竟是与客户的正面交锋。为了避免激化矛盾，产生不良影响，售楼人员必须注意以下几点：

（1）**不可滥用**。直接反驳法只适用处理因为客户无知、误解、成见、信息不足而引起的有效异议，不适用于处理无关与无效异议，不适用于处理因情绪或性格问题引起的异议。对固执己见、气量狭小的客户也最好不要使用这种方法，否则容易引起这类型客户的反感及抵触心理，认为你是不尊重他，从而产生争执。

（2）**态度友好**。为了避免触怒客户或引起客户的不快，售楼人员在反驳客户时，应始终保持友好诚恳的态度，面带微笑，注意语言技巧和选词用语，切勿动怒责备客户。即使客户是因为无知或者有意提出异议，你也只能对事不对人，反驳看法而不是客户的人格，以免冒犯客户甚至伤害客户自尊。

（3）**有理有据**。用以反驳客户异议的根据必须是合理的、科学的，而且是有据可查、有证可见的。在反驳客户异议的过程中，售楼人员应首先明确指出客户的异议内容，明确异议性质与根源，然后，由浅到深摆出事实、证据和理由，依靠事实与逻辑的力量说服客户。

正确应对示例 1

客 户："这个位置太偏了。"

售楼人员："是的，这位置是比较偏。如果不是因为位置偏，不会只卖这个价格的。您看看，昨天开盘的××花园，位置是很好吧，不过每平方米的价格也比这里高了将近3000元。"

正确应对示例2

客　　户："这个开发商的实力好像不怎么样，会不会成为烂尾楼啊！"

售楼人员："不知道陈小姐为什么会这么认为？我们开发商是上市公司，股票代码是××××，在上海、南京、杭州等十几个城市都开发过项目，比如上海的××花园、南京的××花园，您可以到网上去查询。"

正确应对示例3

售楼人员："王小姐，您觉得这套怎么样？"

客　　户："还行，就是感觉层高不够，有点压抑。"

售楼人员："嗯，王小姐，您还是很追求生活品质的。的确，如果层高不够，住起来会比较压抑。其实，我们的层高并没有比别的房子低，都是2.8米，只是因为我们这是精装修房，是装修好的，所以您会感觉层高好像不够。"

客　　户："哦，也是，之前我看的几个楼盘，都是毛坯房，没有装修过，所以感觉你们的层高比较低。"

情景十四:

客户总是横挑鼻子竖挑眼 / 态度不好

有些客户,在与售楼人员洽谈时,尤其是在提出异议的过程中,总是脾气暴躁,横挑鼻子竖挑眼,甚至态度恶劣。面对这样的客户,售楼人员要如何对待呢?

错误应对

1. 与客户针锋相对,绝不退让。

(**点评**:这样势必会引起争吵,从而使客户对售楼人员产生不满。何况,售楼人员与客户争吵,得到好处的永远不可能是售楼人员。)

2. 放弃,不再接待这个客户。

(**点评**:轻易放弃一个客户,等于轻易放弃一个销售机会。如此,又怎么能提升自己的销售业绩呢?)

情景解析

在与客户的交往中,经常会出现磕磕碰碰的情况。有时确实是客户横挑鼻子竖挑眼,但是如果这时候售楼人员也是脾气暴躁、心胸狭窄,势必会影响到销售活动的顺利进行。聪明的售楼人员往往善于给客户一个"台阶"，让对方恢复心理平衡，这样既能赢得客户，也平息了双方的矛盾。

有一句销售行话说得好："占争论的便宜越多，吃销售的亏越大"。不管客户如何批评，售楼人员都不能与客户争辩，因为，争辩不是说服客户的好方法。正如一位哲人所说："你无法凭争辩去说服一个人喜欢啤酒。"与客户争辩，失败的永远是售楼人员。

实际工作中，售楼人员最容易在处理异议时陷入与客户的争论中，这种可能性与洽谈的其他时候相比要大得多。因此，在处理异议时，售楼人员应时刻提醒自己尽量避免争论，不管他的话语如何与你激烈地针锋相对，不管客户如何激烈地反驳你，想和你吵架，你也不要争论。宁可在争论时输给客户，也要把单签下来，这才是真理。

售楼沟通九忌

一忌争辩

售楼人员与客户沟通，是为了推介楼盘，而不是参加辩论会，要知道与客户争辩解决不了任何问题，只会招致客户的反感。

售楼人员首先要理解客户的不同认识和见解，容许人家讲话，发表不同的意见。如果你刻意地去和客户发生激烈的争论，即使你占了上风，赢得了胜利，把客户驳得哑口无言、体无完肤、面红耳赤、无地自容，你快活了、高兴了，但你得到的是什么呢？是失去了客户、丢掉了生意。

二忌质问

售楼人员与客户沟通时，要理解并尊重客户的思想与观点，要知道人各有志不能强求，切不可采取质问的方式与客户谈话。如有些售楼人员用诸如"你为什么不""你凭什么不"之类的话语等。用质问或者审讯的口气与客户谈话，是售楼人员不懂礼貌的表现，是不尊重人的反映，是最伤害客户的感情和自尊心的。

三忌命令

售楼人员在与客户交谈时，微笑要展露一点，态度要和蔼一点，说话要轻声一点，语气要柔和一点，要采取征询、协商或者请教的口气与客户交流，切不可采取命令或批评的口吻与人交谈。人贵有自知之明，要清楚明白你在客户心里的地位，你需要永远记住一条：你不是客户的领导和上级，你无权对客户指手画脚、下命令或下指示；你只是一个售楼人员——他的一个置业顾问。

四忌炫耀

与客户沟通谈到自己时，要实事求是地介绍自己，稍加赞美即可，万万不可忘乎所以、得意忘形地自吹自擂、自我炫耀自己的出身、学识、财富、地位以及业绩和收入等。这样就会人为地造成双方的隔阂和距离。要知道人与人之间，脑袋与脑袋是最近的，而口袋与口袋却是最远的。如果你一而再再而三地炫耀自己的收入，对方就会想"你向我推销楼盘是来挣我钱的，而不是来给我送房子的"。

五忌直白

售楼人员要掌握与人沟通的艺术，客户成千上万、千差万别，有各个阶层、各个方面的群体，他们的知识和见解都不尽相同。我们在与客户沟通时，如果发现他在认识上有不妥的地方，也不要直截了当地指出，说他这也不是那也不对。一般的人最忌讳在众人面前丢脸、难堪。俗语道"打人不打脸，揭人不揭短"，要忌讳直白。康德曾经说过："对男人来讲，最大的侮辱莫过于说他愚蠢；对女人来说，最大的侮辱莫过于说她丑陋。"我们一定要看交谈的对象，做到言之有物，因人施语，要把握谈话的技巧、沟通的艺术，要委婉忠告。

六忌批评

售楼人员在与客户沟通时，如果发现客户身上有些缺点，不要当面批评和教育他，更不要大声地指责他。要知道批评与指责解决不了任何问题，只会招致对方的怨恨与反感。与人交谈要多用感谢词、赞美语；要多言赞美，少说批评，要掌握赞美的尺度和批评的分寸，要巧妙批评，旁敲侧击。

七忌独白

与客户谈话，就是与客户沟通思想的过程，这种沟通是双向的。不但我们自己要说，同时也要鼓励对方讲话，通过他的说话，我们可以了解客户的基本情况、购房预算、购房目的。双向沟通是了解对方的有效工具，切忌售楼人员一个人唱独角戏，个人独白。

八忌冷淡

与客户谈话，态度一定要热情，语言一定要真诚，言谈举止都要流露出真情实感，要热情奔放、情真意切。

九忌生硬

售楼人员在与客户说话时，声音要洪亮、语言要优美，要抑扬顿挫、节奏鲜明，语音有厚有薄；语速有快有慢；语调有高有低；语气有重有轻。要有声有色，有张有弛，声情并茂，生动活泼。

正确应对示例

客　　户："没搞错吧，连个会所都没有还敢称高档住宅。你们这些售楼人员真是喜欢胡说八道。"（此时，如果售楼人员也针锋相对，势必会引起争吵）

售楼人员："陈先生，您说得也没错，高档住宅一般都是配备有会所的。我觉得我们楼盘最大的卖点，就在于闹中取静，出则繁华，入则幽静，不但生活便利，而且居住安静。陈先生，您觉得呢？"（售楼人员先表示对客户的认可，不管客户有没有理，去争论是否高档住宅根本没意义，而是再次将楼盘的最大卖点传达给客户，转移客户的注意力。）

第四章
讨价还价情景演练

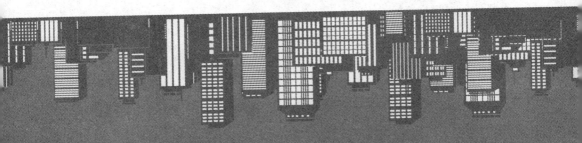

情景一：

还没听售楼人员介绍，客户就问价格

也许是现在的房价的确太高，有些客户一进到售楼处，还没听完售楼人员的楼盘推介，还没挑选到自己合适的户型，首先就开始询问价格："请问你们这一平方米卖多少钱？"面对这样直接询问价格的客户，售楼人员该如何回答呢？

错误应对

1. 每平方米 18000 元左右。

（**点评**：如此"坦率"地回答，如果该价格超过客户购买预算或心理预期，客户可能会就此打退堂鼓。）

2. 请问你说的是哪一套？

（**点评**：客户对楼盘还不够了解，他只是想问个大概价格。）

情景解析

商业上有一个原则：如果你是卖主，当对方迫切需要时，你再与他商谈价格，自己尽量摆出一种不会讨价还价的绅士态度。

你应努力使自己处于一种没有必要讨价还价的地位。如果你能确定不用通过讨价还价就可成功签单，那么就把你的条件全部说出来并坚决不让步，绝不能因你想成功签单而背离了这一原则。必须让对方感觉到只能在枝节问题上交涉，核心问题是不可谈的。

当然，这个原则要在实际中真正做到并不容易。在销售中，客户对价格问题总是很敏感的，他们总是希望与你谈谈能否降低价格，即使他们觉得希望渺茫，也是不会轻易放弃的。试想一下，现在的房子动辄一两百万，只要能打个 98 折，就能节省好几万元，这几乎相当于普通工薪阶层半年的工资，谁会轻易放弃呢？

因此，我们这里所说的"非谈不可才谈"，是指必须在除了价格之外，客户对房子已经完全满意，只要价格谈妥就可以马上成交的时候才与客户商谈价格。否则，在经过一番讨价还价之后，由于客户还有不满意之处而不能下决心购买，那所有的一切谈判都白费了。这道理其实很简单。如果有人告诉你说，他那里有一款衣服很便宜，在没有看到衣服款式并试穿之前，你会因为它便宜就买吗？恐怕不会。因为你还不知道衣服到底好不好看、适合不适合你，便宜又有什么用呢？

回到本情景，客户对楼盘还不了解，更没有产生购买欲望，这时候就询问价格，从好的方面来看，这可能意味着他们真的对楼盘有需求有兴趣；从不利的方面来看，如果冒昧地告诉他楼盘价格，那么很可能失去这位客户：如果说出来的价格超出客户的心理预期或购买预算，客户可能就会因此而打"退堂鼓"，或者可能导致客户先入为主，觉得根本不值这个价。

实践证明，当客户尚未对楼盘产生购买兴趣前，无论此时售楼人员提出怎样的价格，客户通常都会提出异议，这是客户的普遍反应。当然了，我们也不能对客户的询问置之不理，面对这种情况，通常最有效的处理方法是运用"迟缓法"，其实也就是"缓兵之计"，先将客户的注意力集中到楼盘本身，循循善诱，让客户产生购买兴趣后再谈价格。

正确应对示例 1

客　　户："请问你们这多少钱一平方米？"

售楼人员："先生，先别急，让我先给您详细介绍一下我们的楼盘情况。买房关键是要买到自己满意的，符合自己需求的。来，请往这边来，我们先看看这个楼盘的规划……"

正确应对示例 2

客　　户："请问你们现在卖多少钱一平方米？"

售楼人员："多数客户都是一进售楼处就开始关注价格，我可以理解，但您真正的需要是否能够得到满足才是最关键的。不同的户型不同的楼层和朝向都有不同的价格，您最想了解的是哪一个单元的价格？"

情景二：

一听报价，客户随口而出"太贵了吧"

当售楼人员报出价格后，可能有很多客户想都没想，随口而出一句"太贵了吧"，一些售楼人员最怕听到客户说出"太贵了"这样的字眼，认为客户会就此打退堂鼓或拼命地杀价。事实真是如此吗？

错误应对

1. 这已经不算贵了，原来还更贵呢！

（**点评**：客户认为"贵"，并不是和项目之前的价格比，因此这样的回答并没有消除客户"贵"的感觉。而且，很多客户听到原来更贵，会认为楼盘目前在降价，很可能是有什么问题，甚至怀疑是滞销楼盘，或者觉得后面会降得更多，从而会更加谨慎。）

2. 一分钱一分货，好房子肯定不便宜。

（**点评**：这样的回答缺乏说服力，即便说的是事实，没有给出有力的说法支持或证明，是无法化解客户异议的。）

3. 那您认为多少钱才不算贵呢？

（**点评**：处理客户价格异议的时候，最好不要使用反问句。这样容易加快价格谈判进程，使自己过早地陷入到与客户讨价还价的被动局面。）

4. 每平方米 18000 元还贵？你到别的楼盘去比较比较就知道了。

（**点评**：这种回答类似于激将法，应该在确定客户有足够的购买意愿之后提出，否则这样"赶客户"式的回答太过于冒险，客户很可能会不满你的服务态度，直接掉头走人。）

5. 这还贵啊？如果一平方米 18000 元还贵，那在市区肯定买不到房子了，只能去郊区买了。

（**点评**：这样的回答容易让客户认为自己受到了售楼人员的轻视，从而产生不满：你这个人怎么这么说话啊！）

情景解析

绝大多数客户在购买商品时都希望得到更多的实惠，尤其是购买房子这种高投入高风险的商品，即使你的楼盘很好，价格也合情合理，但是出于一种习惯，客户还是会提出价格异议。

面对类似"太贵了"的价格异议，售楼人员千万不要去和客户争论价格高低，也不能因为客户说太贵了就急于反驳或者无言以对，这对销售并没有帮助。此时，售楼人员要做的就是向客户证明每平方米要 18000 元的原因，让客户切实感受到"屋"有所值，否则客户就会在心里再三掂量"这么贵，到底值不值得买"。具体来说，应对此类异议，可以采取"利益法""比较法""声望法"等方法。

正确应对示例 1

客　　户："一平方米 18000 元，太贵了吧？"

售楼人员："是的，张小姐，这套房子的价格是比其他的贵了一点点。不过，您也发现了，这套房子是南北朝向，采光和通风都非常好。更重要的是，它还送了一个 20 平方米的大露台，这样折合起来的单价其实比八楼的那套还要低。您不但可以在这个露台上面种点花草，陶冶身心，甚至可以将它改造成一个阳光房。我们这个楼盘绿化率达到了45%，居住在这里面就像住在公园里；而且，小区里各项配套设施都非常齐全，不但有许多健身设施，还有老人社区活动中心，离小区50米就有一个菜市场和超市，您的父母可以在这里享受天伦之乐，您购物也方便，这样您的家人住得也开心。"

点评：这就是"利益法"。我们知道，在销售中，向客户说明利益是很重要的。如果你能够把楼盘的质量以及楼盘的优势很好地呈现在客户面前，告诉客户购买你的房子能给他带来多少利益，让客户明白买你的房子才最合算、最有价值。直到价格对客户来说变成一个相对次要问题，你就可以算成功地处理价格异议了。

因此，当客户提出"太贵了"时，请告诉客户买房后将会得到这些利益：配套设施完善可带来生活便利，交通便利可让孩子放学5分钟就到家，户型结构好可以省下很多装修的钱，整个房子一点没浪费……用你的语言很好地向客户描述事实，客户就会有心动的一刻。要知道，99度的水永远都无法自己变到沸点，只有增加那么一点温度，也是最关键的温度，水才会沸腾，否则前面99度的加温都是白费工夫。

正确应对示例2

客　　户："一平方米要18000元？那么贵！"

售楼人员："张先生，我能理解您的感受，这两年房价确实涨了不少。不过，仔细分析一下，我们这个项目的价格其实并不高。××路上的××小区您有去看过吗？那里不但地段比我们偏僻，而且公摊又大，可是价格却和我们的差不多。"

点评：这就是"比较法"。当客户提出价格异议时，即使客户没有自己提出比较，我们也可以自行提出比较，把自己楼盘的优势同其他楼盘进行比较，凸显楼盘在地段、设施、交通等方面的优势，也就是用比较论证法化解客户的价格异议。常言道，"不怕不识货，就怕货比货"。需要注意的是，运用比较论证法时，要站在一个较为客观的立场上，不能恶意毁谤竞争对手来抬高自己。

正确应对示例 3

客　　户："每平方米 18000 元，不是吧，怎么那么贵？"

售楼人员："王先生，您要知道，我们这个楼盘是由知名建筑大师 ×× 设计的，他设计的房子一向受业界的肯定，许多知名房地产公司争相请他设计呢。而且我们是国内知名的大开发商，我们的建筑质量都是非常好的。"

点评：这就是"声望法"。一双报价 500 元的运动鞋，如果是耐克、阿迪达斯，客户不会有太大的价格异议；但如果是国内的一些品牌，客户很可能就会提出价格异议。这就是品牌的力量。

同样，楼盘也是有品牌效应的。在同样的地段，各项品质都差不多的楼盘，知名开发商开发的楼盘其售价一般都会比其他开发商开发的要高一些。因此，如果我们所销售的楼盘是知名开发商、实力开发商开发的，或者是知名建筑设计师设计的，或者是知名景观公司设计的园林景观，或者是知名建筑商所建筑的，等等，我们就可以通过向客户传达我们的"知名度"，从而减少客户的价格异议。

情景三：

听到总价后，客户马上做出反应："那么贵？"

售楼时，报价通常是报单价，但临近成交时，客户总是会要求售楼人员帮忙算出总价。而一旦售楼人员把计算出来的总价告诉客户，客户就会做出反应"那么贵"。这是为什么呢？又该如何化解呢？

错误应对

1. 一套大三居 200 万元，还贵？

（**点评**：这样的回答让客户听起来很不舒服。）

2. 不贵了，单价才 16000 多元呢。

（**点评**：客户已经有"贵"的感觉，这时候去过多强调单价意义不大了。）

3. 要不您看看刚才那套小两居？它总价只要 120 万元。

（**点评**：客户一有异议就放弃，那估计永远都难成交了，因为客户对其他房子肯定也会有这样、那样的不满。）

情景解析

就现在的市场行情，一套房子动辄一两百万元，觉得贵是人之常情。

所以，当你使尽浑身解数，客户还是觉得贵的话，不妨把价格分解给客户看，把很大的一个数目分摊到每一个细化的单位当中，这样就会弱化客户对于"贵"的感觉，虽然价钱本身没有变。这种方法就是"价格分摊法"，即将产品目前所花费的价格按产品的使用时间或者次数进行分摊，这样计算出来的单位价格就会是一个很小的数字，从而使客户觉得这个价钱更为合理。

对于像购房这样的大宗消费来说，把总体的价格告诉给客户，虽然客户心理上本来有所准备，但是听起来还是很大的一笔数目。其实，售楼人员可以给客户算一算，把很大的一个数目分摊到每一个细化的单位当中，这样就不会让客户觉得很突兀。在谈价格的时候，售楼人员可以把总价分割成首付款及银行贷款两个部分，尽量用首付款来说服，用月供来作说明。这样客人的心理预期会提高很多，也就不会把注意力放在高昂的总价上了。

正确应对示例 1

客　　户："120 万元？太贵了。"

售楼人员："张先生，您说得不错，现在的房价确实很高。听到一下子要花那么多钱买一套房子，大部分人都会觉得贵。不过，仔细想想，其实也不能那么算。一套衣服，可能就穿一两年；但一套房子，却可以住上一辈子，甚至还可以留给下一代。就以 50 年来计算吧，每年也才 24000 元，每个月不过 2000 元。如果不买房而去租房，2000 元能租到这样的房子吗？而且，租房的话，房子最终还是属于别人的。"

正确应对示例 2

客　　户："120 万元？我可买不起，我没那么多钱。"

售楼人员："刘先生，您太谦虚了。事实上，您根本不用现在就掏出 120 万元来。您只需要拿出 30 几万元作为首付，其余的房款可以用银行按揭贷款，每个月就像付房租一样支付五六千元的银行按揭就可以了。"

正确应对示例 3

客　　户："150 万元，太贵了吧？那我还不如租房呢，150 万元可以租多少年呢。"

售楼人员："陈小姐，现在的房价的确是不低。但是，从长远来说，买房还是要比租房更为合算的。一套房子少说也要住几十年，不说 70 年，就拿 50 年来说吧，您 1 年只要花 3 万元，每天只要不到 100 元就可以拥有一套属于自己的房子。如果租房的话，像这种三居的每年最少也要 3 万元，而且房子还不是自己的，多没有安全感啊。"

情景四：

不会吧？人家 ×× 小区每平方米才卖 15000 元

　　对于普通百姓来说，购房可以称得上是一项重要的家庭决策。对于如此重要的决策，通常情况下大家都会千挑万选，到各个楼盘去转转，经过仔细权衡比较后才最终做出决定。而为了能够在价格谈判中占据有利地位，在讨价还价的时候，他们就会拿出其他楼盘来对比，提出价格异议。对于这种情况，售楼人员该如何应对呢？

错误应对

　　1.这能比吗？他们是小开发商，楼盘小，档次比我们差多了，质量又不怎么样。

　　（**点评**：这样的回答显得盛气凌人，会让客户觉得心里不舒服。而且，有些客户还会觉得售楼人员是在恶意诋毁对手，从而更为不信任。）

　　2.是吗？楼盘不一样，价格当然也不一样了。

　　（**点评**：这样回答等于默认了客户的说法，即承认自己的价格确实比其他楼盘高。更为关键的是，没有对为什么价格比其他楼盘高做出具体解释，是一种消极应对的表现，难以消除客户的疑虑。）

　　3.您非要这么比，我也没办法。

（**点评**：这样回答更为消极，不仅没对客户的异议做出任何解释，而且让客户觉得你没有诚意。）

情景解析

众所周知，人们在买东西时向来都有货比三家的习惯，尤其是买房子这种需要慎重再慎重的事情，一般人在买房时往往不会只看一套房子一个楼盘的。有位高中数学老师，在买房时甚至用几何概率，集合计算几个楼盘的优缺点，最后才挑选出一套自己认为最适合的房子。虽然普遍情况下大家没有这位数学老师的闲情和专业，但是他们同样会在价格谈判时，为求降价而把我们的楼盘的弱势和其他房源的优势作比较。

因此，在提出价格异议之时，客户往往会拿其他楼盘同我们的进行比较，这是一个非常普遍的现象。在这里要注意，千万不要刻意攻击客户所提出的比较对象，否定客户提出的比较对象就相当于否定了他的看法，会使客户产生抵触情绪。反过来想想，假如你身边的人一直贬低你认为还不错的新朋友，你会开心吗？

当客户拿其他较低价格的楼盘同我们的进行比较以促使我们降价时，聪明的售楼人员往往会先肯定客户的眼光，然后巧妙地向客户传递我们楼盘的优势，使客户清楚地知道多付出的一点钱是值得的。当客户知道了楼盘所能带给他的众多好处之后，价格的差异感随之降低，关注的焦点也会转移到楼盘所能带给他的各项好处上来。

正确应对示例 1

客　户："不会吧，一平方米 16000 元？对面的 ×× 小区一平方米才不到 15000 元呢？"

售楼人员："您说的没错。我想请教您一个问题，您喜欢开高级轿车还是喜欢开普通轿车？"

　　客　　户："当然是高级轿车了。"

　　售楼人员："那就对了。三星级和五星级肯定是没法比的。海景第一排和海景第二排肯定是没法比的，谁都希望能真正地在家就看到海。"

　　点评：这是"三明治法"，就是把价值再添加附加价值，说明你的价格高是有道理的。你开高级轿车与普通轿车的感觉完全是不一样的，价格自然也就不一样。这也就是说价格和价值之间必然还存在着差异性。

正确应对示例2

　　客　　户："不会吧，一平方米16000元？对面的××小区一平方米才不到15000元？"

　　售楼人员："您能看出这本笔记本多少钱吗？还有另外一本呢？您仔细看一下，可以先看看它们的纸质，如果只是这样看，您根本看不出哪一本值8元，哪一本值5元。您看，这么小的商品就如此，像房子就更不用说了。"

　　点评：这是"比喻法"的常见方式。它的目的是通过其他类型产品的价格状况说明不同品牌、不同型号的价格不同，不可以随便比较一些没有可比性的产品。

　　运用这种方法需要注意的是，不要就事论事，说自己的好，别人（便宜）的不好，或者干脆说"你也不看看我们是什么档次"。这样是难以取得客户信任的。你最好举出一些不同类型产品的价格现状。

正确应对示例3

　　客　　户："一平方米要18000元？那么贵，对面的××小区一平方米才 15000 元。"

  售楼人员："林小姐，您说的没错，我们这里的价格是比 ×× 小区的高一些。不过，您也知道，他们的公摊达到了 25%，而我们的才 16%，也就是说同样的建筑面积，我们的实际面积要比他们的大。这样折算起来，实际上我们的价格根本不比他们的高。应该说，×× 小区也是一个不错的楼盘，只是小区的内部环境和配套设施同我们项目是没法比的。刚才您也看到了，我们楼盘的园林规划是一流的，绿化率甚至达到了将近 50%，让您及您的家人每天都可以呼吸到新鲜空气，就像居住在公园中一样。买房就是买生活，多花点钱就能享受到一个更为舒适的生活环境，难道不值得吗？"

  点评：这是"价值强调法"，就是把楼盘的价值或者说关键卖点再次向客户说明，让客户明白楼盘之所以这么贵是有它的道理的，一分钱一分货。

情景五：

这么贵，我还不如去别的地方买一套三居呢

在价格谈判的时候，客户经常会运用一些小技巧，比如抓住售楼人员急于求成的心理，"以退为进"，故意装着要放弃购买或者说要去买别的楼盘，以此让售楼人员给予更多的优惠。面对客户的这种心理，售楼人员该如何应对呢？

错误应对

1. 这样的价格，到哪里也买不到三居。

（**点评**：这样的回答显得很傲慢，是对客户的不尊重，会让客户觉得反感。）

2. 那随你了。

（**点评**：这样回答显得很消极，会让客户觉得你没诚意。客户原本还可能只是说说而已，听了你这样的回答，说不定就真的去买别的楼盘了。）

情景解析

会提出这样异议的，基本上是由于楼盘的价格比其他楼盘高一些。

现在虽然房价很高，但也不是任由开发商随便定价的。开发商定价是有一定依据的，比如地价高、地段好、环境好、能就读名校等，只是对于客户而言，他不一定会真正去理解这些因素，或者说即使他也知道楼盘有这些好处，但还是对于价格方面更为敏感，从而将注意力更多地放在价格上，而不是楼盘的优势上。

对此，售楼人员需要做的，就是将客户的注意力吸引到楼盘优势上，让客户明白楼盘所能带给他的利益更为重要，多花点钱买这样的房子更值得。在具体应对时，售楼人员可以采用"举例法""额外利益法"。

正确应对示例1

客　　户："太贵了。"

售楼人员："是的，王总，我们的价格的确要高一些。您也知道，我们这是一个高档楼盘，规划设计、园林景观、物业管理都是超一流的，很多政府官员、企业高管、老板都是看中了这一点才购买的。这不，前天××企业的林总才在这边买了一栋独栋别墅。"

点评：这就是"举例法"。我们都知道，消费者的消费心理和消费行为是会相互影响的。假如你想做个发型，正犹豫不决的时候，如果设计师告诉你×××明星也在这里做过发型，你是不是会欣喜若狂立刻决定在这里做造型？同样，我们在售楼的时候也可以通过举出一些有代表性的客户购买案例，来推动客户下决心。

正确应对示例2

客　　户："太贵了，这样的价格我可以在其他地方买一套三居了。"

售楼人员："陈先生，话也不能这么说，我们做家长的这么辛苦不都是为了能让自己的孩子过上好一点的生活吗？您买了这套房子，小孩就可以就读旁边的名校，让小孩子在一个好的环境里健康成长不都是我们做家长的心愿吗？"

点评：这是"额外利益法"，就是通过向客户阐述其所购买的房屋除了居住功能之外的额外价值，让他明白总利益是远远大于价格的。当客户提出价格异议的时候，我们可以通过一些额外利益让客户感觉到花这些钱是非常值得的。当然这些利益要根据客户的需求有选择地提出来。

情景六：

我上个月来看的时候每平方米才 18000 元，怎么现在又涨价了

　　楼盘价格不是一成不变的。市场好的时候，很多开发商会上调房价。客户一看到价格比之前又涨了，总是会提出异议的。对此，该如何让客户接受这个事实，并且尽快做出购买决定呢？

错误应对

　　1. 没办法，这是公司决定的。

　　（**点评**：这样的回答等于没回答。客户难道不知道上调价格是开发商决定的，而不是售楼人员自行决定的吗？）

　　2. 也没涨多少啦，就几百元而已。

　　（**点评**：这样说显得太不把客户的利益当回事，一个不为客户利益考虑的售楼人员，客户是不会对其产生信任的，也就不会向他买房。）

　　3. 下个月可能还会涨，我劝您现在赶紧买。

　　（**点评**：这样的回答可能会唤起客户的危机意识，也可能让客户认为你在危言耸听。因此，唤起客户危机感的同时，要向客户解释清楚涨价的具体原因。）

情景解析

　　曾经在报上看到过这样一件事：一个购房者在售楼处准备买房，刚开始没法马上做决定，就到售楼处外走了走，买了个煎饼吃，结果等想好了再回到售楼处时，发现房价涨了，一套房子多了十几万元！网友们后来都戏称，这是中国最昂贵的煎饼，一个煎饼十几万元呢！

　　在整个购房过程中，客户对于房价的涨跌非常敏感。尤其是现在房价已经很高了，一听到现在又涨价了，客户的确难以接受，觉得非常不舒服。因此，对于客户提出的"怎么又涨价了"这样的异议，售楼人员要表示理解，同时向客户解释涨价的理由，再次强调楼盘的利益所在，促使客户尽快做出购买决定。

　　向客户解释涨价理由后，售楼人员还应通过一些销售手法唤起客户的危机意识，促使客户尽快下定购买决心，比如，可以用"举例说明法"，举一些以前买房客户的实例，证明如果看到适合的房子不出手，将来不但要多花不少钱，而且还不一定买到适合的房子；也可以通过制造畅销紧缺局面，"我们楼盘三居的户型卖得非常快，这不，才一周时间，现在就只剩下五套了"，以促使客户尽快出手购买。

　　除此之外，在处理此类异议时，售楼人员还可以采用"太极法"。太极拳是我国源远流长的拳术，其原理是借力使力。澳洲居民的回力棒也具有这种借力使力的特性，用力投出后，会反弹回原地。而销售中的"太极法"，也是运用这一原理，其基本做法是：当客户提出某些异议以后，售楼人员立刻根据他所提出的观点，进行回复，如"这正是您需要买这套房子的原因""这正是让你受益的地方"，利用这种方法将客户的异议直接转换成购买的理由。

　　其实，只要大家留心观察，就会发现"太极法"是我们在日常生活中经常运用的方法，例如，女朋友以心情不好为理由，告诉你不想出去时，你通常会说："就是因为心情不好，才要出去走走，释放一下情绪。"又如，父母希望你考上大学，你说工作难找，考了也没用，父母会告诉你，就是因为工作难找，才更要考上，否则没文化、没学历的人以后更难在社会上立足。

"太极法"通常运用在客户不是很坚持的异议上，特别当客户提出的异议只是一般的借口，更能派上用场。

正确应对示例1

客　　户："上次我来的时候每平方米才18000元，怎么才一周每平方米就19000元，这也涨得太快、太吓人了。"

售楼人员："就是因为涨得太快，您才需要赶快买啊！不然，您下次来的时候又是另一个更高的价格了。"

正确应对示例2

客　　户："我上个月来看的时候每平方米才18000元，怎么现在涨价了呀。"

售楼人员："是呀，现在的房地产市场非常火爆，房价涨幅很大。上周土地拍卖，不是又出了个新地王吗？"

客　　户："这房价涨得也太可怕了。"

售楼人员："所以说啊，看到好房子得赶快出手。前天报上不是还说了这么一件事吗，有个客户在购房时犹豫了一会，到外面买了个煎饼吃，结果回到售楼处发现房价涨了，他看中的那个户型要多花十几万元才能买到，等于他花了十几万元买了一个煎饼。王先生，这样的事情实在太多了，相信您也经常在报上、电视上看到这样的新闻。像我们这个楼盘，不但能就读名校，而且环境这么好，这样的价格已经算是便宜了。早上开会时听经理说，下个月可能还会再上调价格呢。"

客　　户："不会吧，下个月还要调价？"

售楼人员："是的。王先生，您也看到了，这套房子的确很适合您的，不要再犹豫了，我帮您计算一下首付款吧。您准备贷款几成？"

情景七：

多打点折 / 多优惠点，我就买了

客户对房子表示满意，但对于价格，则一再要求多打点折，并表示如果多打点折，他就买了。对此，售楼人员该如何应对呢？

错误应对

1. 对不起，这是公司规定，我也爱莫能助。

（**点评**：这种回答口气比较生硬，容易引起客户反感，甚至会让客户觉得你的回答有"爱买不买"的意思。）

2. 很抱歉，九八折已经是我们的最大优惠了。

（**点评**：这样的回答虽说讲的是事实，但是如此直接拒绝客户的请求，容易伤害客户的购买积极性。）

3. 我想如果我们楼盘不好，给您再多的折扣您也不会要，既然您对我们楼盘很满意，又何必计较这点折扣呢？

（**点评**：这话其实说得很实在，但是客户很可能产生逆反情绪，会理解成你认定他会买你的房子，才会一点儿折扣也不让，这对成交"临门一脚"不利。甚至会有客户产生逆反心理：难道我非买你这个楼盘不可吗？大不了我去买别的楼盘。）

情景解析

在销售过程进行到尾声的时候，客户通常会以能便宜一点是一点、能节省一分是一分的心态展开压价。在客户即将签约时，其心情完全被感性控制了，最后的讨价还价其实是一种面子和虚荣，或者只是为了获得一些心理平衡。这时候，客户往往会通过立刻签约的承诺再次诱惑售楼人员答应他的要求。

当我们确定买方在极力争取价格，并且非常喜欢某套房子或显得很急迫时，通常可以确定已经到达成交边缘，只要给出适当的让价，客户就会马上成交。此时，如果价格在我们可接受的范围之内，我们可以给客户适当的让价，以促成交易的马上达成。需要注意的是，对于这种情况，售楼人员应防止客户使出"滚雪球策略"，即在谈判过程当中，不断得寸进尺，要求优惠，优惠的雪球越滚越大。

对此，售楼人员可以采取"附加条件法"，这是一种以退为进的策略。如果客户提出的折扣条件是可以接受并且你也乐意以这个价格成交，为了能够有效促使客户尽早签约，你可以选择这种带条件的退让方式。俗话说，"煮熟的鸭子也会飞"。在经过一番你来我往之后，如果客户提出的折扣条件在公司内部规定的弹性范围之内，为了促使客户尽早签约，可以选择以退为进谈判法，也就是带条件的退让。

正确应对示例

（公司价目表：20000 元 / 平方米；你的价格权限：19000 元 / 平方米）

售楼人员："刘小姐，您认为我们的价格太高，那您觉得多少钱合适呢？"

客　　户："一平方米 19000 元还差不多。"

售楼人员："刘小姐，每平方米 19000 元是肯定做不到的。您可能不知道，当时我们开发商买下这块地时，楼面地价都要每平方米 10000 元了，再加上建筑成本、配套设施费用、财务费用、税费，其实我们的利润是非常低的。"

客　户："你们售楼人员都会这么说，谁都知道开发房地产是暴利。"

售楼人员："刘小姐，说真的，要是能卖我肯定会卖给您的，毕竟多卖一套我就能多一套的业绩。可是，您说的这个价我确实给不了您。如果您真心想买，那就开个实价吧，能做到的我一定给您。"

客　户："哎呀，你这小姑娘真的很会说话。那这样吧，每平方米 19300 元，如果能卖，我今天就下定金。"

售楼人员："刘小姐，您就别让我为难了。这样吧，如果您今天就能下定金，我可以帮您向经理申请看看能否给您打个 98 折。如果您觉得这个价格可以接受，我马上就给我们经理打电话。"

客　户："好的。"

情景八：

明明已经给了最低价，客户还是不满

很多时候，明明已经给客户最低折扣了，可是客户还是不满。对此，大多数售楼人员都觉得很无奈，不知道该如何说服客户。

错误应对

1. 这已经是最低价，买不买您自己定吧。

（**点评**：你觉得是最低价，客户可不一定是这么觉得。而且，这样的话让客户听起来好像是你不再乐意为他服务，从而产生不满。）

2. 你这人怎么这么不干脆，我都说已经是最低价了。

（**点评**：这样的话听起来像是在责怪客户，让人很不舒服。）

情景解析

议价成功就是达成买卖双方都同意的价格。总体而言，议价过程可以分为三个步骤，即引诱买方出价、吊价、让价成交。

1. 引诱买方出价

当你确定客户已经产生了购买兴趣，并且楼盘能符合他的要求，即可引诱买方出价。

2. 吊价

无论买方第一次出价多少，一定要加以拒绝。如果你在客户第一次出价就成交的话，客户会认为不但你所报出的价格太虚假了，而且连他的出价都是高了，否则你不会那么爽快就答应他的出价的。

买方第二次出价时，原则上仍应采取吊价策略。这更多的是一种心理策略，目的是为了让客户觉得价格谈判并不容易，想要更低的价格是不可能的了。

至于是不是第三次吊价或予以成交，则要视具体情况而定了。如果你能确定买方非常喜欢这套房子，而且不必再进行第三次吊价（客户的出价已经在可以接受的范围之内了），即可在第二次吊价时，就考虑采取行动。

采用吊价策略的一个重要原因是：过于轻易的降价，即使已经是最低的价格了，也会让客户觉得价格还是高了，从而让他对自己的出价感到后悔并继续压价。

3. 让价成交

当我们确定买方在极力争取价格，并且是非常喜欢或很急迫时，通常可以确定已经到达成交的边缘，只要给出适当的让价，客户就会马上成交。那么，此时如果价格在我们可接受的范围之内，你可以给客户适当的让价，以促使交易的马上达成。

要注意：在让价成交时，你必须提出相应的条件，比如，让买方马上下定金，能够马上签合同的就不要拖延。记住，收取愈多的定金，被退订的概率也会愈小，而且愈早签订合同，对我方也愈有利。

正确应对示例

（公司价目表：15000 元/平方米；你的价格权限：14600 元/平方米）

售楼人员："王先生，您认为我们的价格太高，那您觉得多少钱合适呢？"

客　　户："每平方米 14000 元。"

售楼人员："王先生，您太会开玩笑了。要知道，我们的价格是根据成本来制定的，这个价格是绝对不可能的。单从楼面地价而言，我们就需要每平方米 8800 元。"

客　　户："每平方米 14500 元。这是我所能承受的最高价了。"

售楼人员："王先生，说真的，我也很乐意帮您，可是这个价格我还是没有办法接受的。我要是卖给您，老板就要炒我鱿鱼了。"

客　　户："不会的。你们领导奖赏你都来不及，怎么会开除你呢。这个价格可以啦。"

售楼人员："王先生，您就别让我为难了。这样吧，我帮您向领导申请看看能否给您打个 98 折。如果您觉得这个价格可以接受，我就马上给我们领导打电话。"

客　　户："好的。"

售楼人员："王先生，那要先说好了，如果领导同意给您 98 折，您今天就得马上下定金，否则我会被领导责怪的。"

客　　户："这没问题。"

情景九:

客户一还价就还得非常低，一看就是会杀价的

有些客户，一还价就还得非常低，明显是个会杀价的人。对于这类客户，大多数售楼人员都感觉到头疼，不知道该如何应对是好。

错误应对

1. 算了，这种客户不接待也罢。

（**点评**：挑客户是挑不出好业绩的。在售楼过程中会碰到各种各样的客户，如果总是挑三拣四，估计没几个客户是你愿意接待的。）

2. 直接告诉他底价，爱买不买看他自己了。

（**点评**：对于这类客户，即使你给的是底价，他也会再三讨价还价的。）

3. 和他慢慢磨，看谁磨得过谁。

（**点评**：打持久战？这会浪费你的精力，从而更为得不偿失。）

情景解析

大家都清楚，客户杀价已经成为销售活动中的一种常见现象，即使楼盘物美价廉，他们也还是会嫌"太贵了"。随着市场的不断成熟，如今

网络上也出现了不少类似"买房杀价全攻略"的文章，客户的杀价技巧水平越来越高。

面对这种情况，我们该怎么办呢？正所谓"道高一尺魔高一丈"，这时候，对于我们售楼人员来说，最重要的就是要控制住客户杀价的心理底线，通俗来讲，就是让客户觉得价格没有太多的下降空间，即使用尽所有的杀价技巧也无济于事。

正确应对示例 1

售楼人员： "陈先生，我完全理解您的想法。大家都希望能买到质量好、升值潜力大并且价格优惠的房子。但是恕我直言，要找到一套同时满足这三个要求的房子是非常难的。简单来说，这就好比名牌轿车不可能和普通轿车的价格一样。您说是吧？"

客　　户： "……"

售楼人员： "如果让您选择，您愿意放弃哪一项呢？我相信楼房质量和升值潜力对您来说更为重要。有时候，多投资一点就能得到您想要的，这样还是很值得的，您说呢？"

正确应对示例 2

客　　户： "如果你能帮我多申请些价格优惠，我今天就可以马上交定金。"

售楼人员： "王小姐，您的心情我能够理解，毕竟现在的房价确实不低。说实话，我也很希望能以最优惠的价格卖给您，但这不是我能做决定的。不过，我可以帮您向我们经理申请看看能不能申请到98折。不过您要有心理准备，98折已经是最大的优惠幅度了，要知道，前几天我们副总的一位亲戚来买房，也才享受98折优惠而已。"

情景十：

太贵了，我还是等等看吧，说不定会降价呢

"太贵了，我还是等等看吧，说不定会降价呢。"提出这种问题的客户，不外乎两种心态：一是怕买贵了不划算，二是希望以更低的价格购买。如何把握住客户的购买心理，激发客户的购买热情和欲望就看售楼人员的处理能力了。

错误应对

1. 哪里可能，这几年房价只会涨不会跌的。

（**点评**：别轻易下结论，一来没有真凭实据客户不会相信你，二来如果将来真降价了，客户会怪罪你的。）

2. 那你就等到降价的时候再来买吧。

（**点评**：这是和客户赌气，对处理异议于事无补，对促成交易更是没有任何帮助，只会引起客户的不满。）

情景解析

大部分中国百姓都在盼着房价下降，在购房的时候，很多客户就会

因为有这样的念头而犹豫不决。

对于售楼人员来说，当客户提出这样的异议时，应以理解的心态去看待这个问题。但是，我们不能因为理解就放弃这个客户，而应引导客户，让客户明白此时买房是适宜的，买我们的房子是值得的。其实，消费者的消费心理和消费行为是会相互影响的，否则就不会有"流行"和"主流"的说法了。为此，如果在说服客户的时候，你能举出一些有代表性的例子，那就可以影响客户的决心。

正确应对示例 1

客　　户："太贵了，我还是再等等看吧，说不定会降价呢。"

售楼人员："刚刚那个客户已经观望了一个多月，一心等待着我们能够降低价格，可是观望的结果就是每平方米多花了 50 元。"

正确应对示例 2

客　　户："我还是再等等看吧，现在国家在调控房价呢。"

售楼人员："林小姐，您的心情我能理解。现在房价确实很高，政府也在全力调控房价。这不，刚刚签约的那位王先生，年初时就来我们楼盘看过了，起初也是觉得房价可能会降下来，等了三个月还是决定买了，并且多花了 20 万元。"

情景十一：

谈了好久，客户说"我还是感觉你们的价格太高了"

有时候，和客户谈了好久，客户说"我还是感觉你们的价格太高了"。该让步的已经让步了，该怎样才能让客户接受呢？

错误应对

1. 那我也没办法了，我给您的已经是最低价了。

（**点评**：即使你说的是事实，可是这么说就会动摇客户的购买信心。）

2. 这个价格还嫌高啊！

（**点评**：这种回答是与客户对抗的表现，它的潜台词就是"嫌贵了你就别买，我并不强迫你买"。）

情景解析

当客户提出价格异议时，售楼人员首先要明晰客户的动机。客户讨价还价的动机有很多，有的是对楼盘的价值把握不准，害怕买贵了吃亏；有的是购买能力有限，希望通过还价来弥补缺口，省一点是一点；有的是习惯性的压价。

摸清客户还价动机的一个最简单的方法，就是通过开放式的提问，引导客户说出价格异议的原因。通过直接的、开放式的询问消除价格异议，这是一个明智的、大方的举止。对于那些充满信心，而意志坚定的客户来说，坦然地说出心里的感受并不是一件困难的事情。

例如：

"您认为价格太高的原因是什么呢？"

"您觉得合理的价格应该是多少呢？"

"对于价格方面的因素，您是如何考虑的？"

"您是觉得房子质量更重要呢，还是价格低一点更重要呢？"

"除了价格方面，您还希望我们在哪些方面做得更好一点以作为补偿呢？"

······

通常客户都会把内心的想法讲出来。对此，售楼人员要有针对性地予以解决。对于一些支付能力有限的客户，你可以和他们探讨贷款、分期付款的方法，或者劝说他们购买较小面积的房子，力求为他们找一个最省钱的支付方式。而对于一些习惯性压价的客户，则应该晓之以理动之以情，让他们主动放弃讨价还价的要求。

正确应对示例 1

客　　户："我还是觉得你们的价格太高了。"

售楼人员："王先生，您说的没错，我们的房子在同类楼盘中的价格确实高了一点。但是您也知道，我们楼盘的容积率只有0.5，绿化率超过了50%，这在寸土寸金的厦门来说简直不可想象。而且我们提供的是五星级的物业管理服务，从安保到清洁一步到位。您想想，这样的房子卖这种价格，您还觉得贵吗？"

点评：价格异议往往并非针对价格本身，而是针对价格与价值的结合点。当客户对房子的各方面都非常满意，就是纠结于价格时，我们可以采用"利益强调法"，着重向客户强调房子"物有所值"，比如房子质量好、户型设计合理、小区环境优美等，每一个方面都值得让他支付这些钱，他就自然不好一再要求折扣了。

正确应对示例2

客　　户："我还是觉得你们的价格太高了。"

售楼人员："林小姐，这套的确比较贵，要不您看看1楼的那套，它每平方米只要13800元。"

客　　户："底层我才不要呢，通风采光都不好，而且还西晒。"

售楼人员："那就是了。林小姐，看得出来您更注重房子的居住品质。为了有一个好的居住环境，多花点钱难道不值吗？"

点评：当遇上比较难缠的客户时，不妨试试使用"差异法"。所谓"差异法"，就是当客户要求折扣时，挑一套各方面较差的房子给他，让他自己选择要好房子还是只要低价格的房子。差异法的好处是会造成客户的心理落差，明白便宜没好货。

情景十二：

在讨价还价过程中，客户突然产生不满

在讨价还价的过程中，有些急性子的客户很容易突然就产生不满。对此，售楼人员该如何应对呢？

错误应对

1.觉得这客户太难缠，选择放弃。

（**点评**：轻易放弃不是一个优秀售楼人员的正确做法。）

2.和客户针锋相对，别欺人太甚，爱买不买。

（**点评**：和客户争吵，对于售楼人员来说永远都会是吃亏的。）

情景解析

如何在瞬息万变的谈判中保持清醒的头脑，合情合理地进行讨价还价的工作，这是每个售楼人员应该解决的问题。

在讨价还价过程中谈判双方很容易感情冲动，一不留心，就会演变成个人冲突，生意也因此而告吹。因此，在与客户讨价还价的时候，我们必须保持心平气和。这除了跟双方个人修养有关外，作为售楼人员，我们还需要在销售前充分预见、分析买卖过程中可能发生的种种情况，制定好应付措施，做到胸中有数，这样才能临阵不乱，在千变万化的形势面前从容镇定，心平气和地据理力争。

谈判的禁忌

谈判是一件费力的工作。当事情的讨论达到高潮或时限将至时，紧张的气氛往往会让人变得烦躁而紧张。因此，一定要为谈判创造一个和谐的气氛。

创造和谐的气氛，必须让对方对你没有敌意。在购房谈判中，有些做法是很容易让对方产生敌意的，你应慎重并尽量避免这些做法：

1.苦苦询问对方。在谈判中，如果你用一系列的询问使对方在身体上、心理上受到困扰，情感上受到损伤，客户是绝对不会像囚犯一样温顺地接受你的审讯的。

2.只顾眼前利益。如果你为了促使对方尽快购房，而采取欺诈的做法，一旦让客户识破，他是会立即退出谈判的。

3.不坦诚、说假话的人最令人反感。坦诚是获得同情的最好办法。

4.切忌武断。除非有绝对把握，否则不要说"我确定如此"之类的话。武断专行只会激起对方的反感和敌视，使谈判气氛恶化。

5.千万不要做丢对方面子的事。是人都爱面子，当一个人自我受到威胁时，往往会像刺猬一样充满敌意。精明的谈判者，常常善于顾全双方面子，有一种控制自我情绪的习惯，并能够对对方谈话中自相矛盾或过火的言谈表现出极大的忍耐性，并克制和谦虚地表示自己的意见，他们常用"据我了解""我认为""是否可以这样"等委婉的说法来阐述自己的真实意图。这种态度会使本来相对敌视、相互僵持的谈判气氛变得融洽。

> 谈判气氛趋于紧张、矛盾冲突尖锐时，千万不要冲动。你一旦失去了冷静，就得为它付出代价。在谈判中，你应努力保持清醒的头脑，不管客观上造成多大的干扰，也应稳定自己的情绪，忍耐克制，尽力使气氛趋于缓和，甚至巧妙地说说笑话，创造出和谐的商谈气氛。

近年来，行业里非常流行这样一句话："不给客户面子，客户就不给你票子"。虽说这只是大家的调侃，但客观上就是这么回事。

在价格谈判的过程中，双方很容易情绪激动，一不小心就会发生语言冲突，交易也因此告吹。美国一家公司的经营信条非常出名：

第一条：客户永远是正确的。

第二条：如果客户错了，请参照第一条。

也许有人不认同如此绝对的看法，但是它所表达出来的"维护客户面子"的想法非常好。人人都爱面子，不论是谁，都不愿意花钱买不开心，所以，请记住，作为售楼人员，我们千万不要做丢客户面子的事。

精明的谈判者，常常善于顾全对方的面子，能够忍受对方在谈判过程中的过分表现和矛盾之处。在谈判中，不妨多用"据我了解""我认为""是否可以这样"等委婉的说法来阐述自己的真实意图。这种态度会使原来立场对立的谈判氛围变得融洽。

正确应对示例

客　户："你们的价格比×××楼盘贵了不少呢，人家一平方米才16000元。"

售楼人员："王先生，您说的 ××× 楼盘我也清楚，他们每平方米的均价也已经到 17500 元了。"

客　　户："什么每平方米 17500 元？上个月我才去看过，就是每平方米 16000 元。你这人太不实在，以为我们购房者什么都不懂吗！"

售楼人员："王先生，您别急，可能是我们所掌握的信息不一致。的确，我们的价格是比他们的高，不过还是很多客户愿意多花点钱来我们这里买一套更好的房子。应该说，××× 楼盘也是很不错的，相比之下，我们楼盘在环境、景观方面做得要更好。更为关键的是，我们这是学区房，可以就读实验小学。如今，大家都是为了孩子，围着孩子团团转，谁都希望自己的孩子能赢在起跑线上。王先生，您说呢？"

客　　户："那也是。如果不是为了孩子，我早就买 ××× 楼盘了，一平方米便宜了 1000 元呢。"

情景十三：

你一下就能帮我申请到 98 折，说明还有空间，再多给点折扣我就买了

　　有些售楼人员为了尽快成交，让价让得很快，甚至一让到底，直接把底价给了客户。可是，客户却还是不满足，觉得你一下就能给这么多的优惠，说明还有空间，非让你多给点折扣，否则就不买了。对此，该怎么办呢？

错误应对

　　1. 你这人也太贪了吧。

　　（**点评**：这样的回答，客户会认为你是在对他进行人身攻击，从而导致客户的不满。要知道，对于客户而言，总是希望拿到最低的价格，如果是你去买东西，同样也是如此。）

　　2. 我给您的已经是底价了，不可能再低了。

　　（**点评**：即使这是事实，客户也不会相信。要让客户相信，就要拿出具体有力的证据来证明。）

　　3. 我都说这已经是最低价了，你不买就算了。

　　（**点评**：这也太没耐心、太没礼貌了。这样生硬的话，只会让客户失

去对你的好感，降低客户的购买热情。）

情景解析

　　当客户提出此类异议时，很多售楼人员都将原因归结于客户太贪心。事实上，并不是客户太贪心，因为对于客户而言，肯定是希望能得到更多的优惠，更何况现在房价这么高，多一个点的折扣就等于省了好几万元呢。

　　导致客户出现这样异议的最主要原因其实就在于售楼人员在给予折扣时的方式方法不对。如果你仔细观察一下，就会发现，即使给予的是同样的折扣，有些客户心里很舒服，觉得自己得到了实惠，即使这个价格并不是最优惠的，从而痛快地做出购买决定；而有的客户，即使你给的已经是最低价，客户还是心里不爽，一再要求你多给点折扣，否则就不签单。这是为什么呢？应该说，除了与客户自身对房子的价值认知有关外，更为重要的是售楼人员给予折扣的方式方法不对，让价的过程掌握得不好。

　　很多时候，客户不断与售楼人员杀价，并不一定是客户喜欢占便宜，而是售楼人员让价过快或者给了客户杀价的希望，让客户感觉有水分可以挤。要知道，在销售过程中，价格让步的方式、幅度等都直接关系到让步方的利益。在让价时，应注意以下几个细节：

- 为让价找出理由，绝对不可作无理由的让价。你应表现出让价只是出于对客户的赞赏，并适时地提出让客户帮忙推介的请求。
- 不管你准备给客户多少幅度的折扣，都要尽量分计划分几次退让，绝对不可以一次退到底。通常让价太爽快的，退订率会更高。一般来说，第一次让价的幅度可以较大，以博得客户的好感与喜悦，若客户仍不满足时，则再作小幅度的让步，以明确的态度——让步是有限的，已退无可退了！但需要注意的是，第一次的幅度大也只是相对于后几次降价而言的，若幅度过大反而会引起客户的"疑虑"。

- 折扣跟着小数点走，如从 98 折到 97.5 折，再到 97 折，再到 96.5 折。

- 答应给折扣时，要装得神秘一点，放低声音，要求保密"可不能让别的客户知道了，要不我们就没法做了"。

- 让价成交，必须让客户感觉这是最低价格，以满足客户的成就感（辛苦谈了半天，终于拿到最低价格了）。

- 站在客户的立场上，让客户感到你是在处处帮他说话，让其觉得欠你一份人情，加强对你的信任。

正确应对示例

客　户："你一下就能帮我申请到 98 折，肯定还有空间，再多给点折扣我就买了。"

售楼人员："王先生，说实话，我是比较干脆的人，而且在跟您的交谈中，我觉得您也是个爽快的人，所以把您当成朋友，这才一下子亮出我们的价格底线的。如果是其他售楼人员，是不可能这样一让到底的。您也看过其他楼盘，肯定知道这一点。我的一个好朋友也在我儿这买了套房子，我给的也是这个折扣。您说如果我有办法争取，为什么不帮一下好朋友呢？您说是吧。"

客　户："你也说把我当朋友了，那就再帮我争取一点折扣吧，多给点折扣我今天马上就下定金。"

售楼人员："王先生，我就是把您当朋友，才实话实说的，您别生气。98 折已经是我们的最大优惠了，虽然我很想做成您这笔生意，但是 98 折这个价是雷打不动的，您也不要再砍了。如果您真心想买，就按这个价成交，我向经理请示一下，看看还能不能送一些礼品之类的，您看怎么样？

客　　户："这……"（客户还有点儿迟疑）

售楼人员："王先生，现在城市里这么喧闹，空气也不好，像我们这样依山傍水的楼盘可的确不多了。这点相信您也知道。如果您不抓紧定下来的话，恐怕以后再想以这样的价格买这么好的房子就难了。"

客　　户："那好吧，那你可得多送些礼品哦。"

情景十四：

我和开发商的一个经理是朋友，怎么说也得再优惠点吧，我只是不想麻烦他而已，要不我给他打个电话

我们都生活在一个非常注重人情关系的环境里，有时候为了获得利益，打人情牌是一种快速且有效的做事方式。作为售楼人员，购房者就是我们的衣食父母，无论在什么时候都要照顾到客户的面子，满足其被重视的心理需求。客户提出有朋友是开发商的经理或者领导，希望有更多的优惠，还"威胁"说要打电话给领导，这种情况下，我们也没必要一味地顺着客户的过分要求，做超出规定的事情。所以这就要求售楼人员在拒绝客户的时候措辞要委婉，还要为客户制造台阶，让其有台阶可下。否则客户真要向领导投诉，受难的只会是我们售楼人员。

错误应对

1. 不好意思，我们这是统一价，谁来了都一样。

（**点评**：这样的回答太直接，会让客户觉得没面子。）

2. 哦，是吗？需要我帮你打电话吗？

（**点评**：这样回答很明显地表现出不相信客户，会让客户生气。如果

客户只是拿领导当一个幌子，这样说会让他下不了台，一气之下放弃购买。）

3. 我做不了主，要不你打个电话问问看，只要领导同意了，我肯定没问题。

（**点评**：话说得虽然实在，不过这样的回答很显然是不负责任的，把问题都推向领导，会让领导怀疑你的能力。同样，如果客户只是拿领导当一个幌子，这么说会让他下不了台，一气之下放弃购买。）

4. 我们领导交代了，就算是他的朋友，也是这个价。

（**点评**：这样回答相当于出卖老板。如果客户真是领导的朋友，会让领导在其朋友面前丢面子，甚至丢信誉，严重的话你的工作也就岌岌可危了。）

情景解析

中国是个人情社会，有关系好办事。因此，很多客户在买房时，为了拿到更多的优惠，往往会把"领导"搬出来。通常情况下，这种直接在售楼人员面前说有朋友是开发商的某个领导而要求更多优惠的，一般只是个幌子。因为如果他真的有朋友是开发商的领导，可能他就会直接去找领导了，而不用和售楼人员谈来谈去。当然，也不排除有些客户确实是某位领导的朋友。

不管客户是不是真的是领导的朋友，客户的真实目的都是为了获取更多的优惠。而对于售楼人员，只有一定的价格权限，是不可能完全满足客户的要求的。在这种情况下，售楼人员既不能给领导添加麻烦，如果一碰到这种情况就让客户直接去找领导，会让领导怀疑你的销售能力；也不能让客户没台阶下，否则会导致客户的不满，从而对销售造成更大的障碍。

> **提　示**
>
> 　　千万要记住"是人就都爱面子"。当一个人自我受到威胁时，往往会像刺猬一样充满敌意，所以千万不要做丢顾客面子的事。我们要用委婉的说法来阐述自己的真实意图，使本来相对敌视、相互僵持的谈判变得气氛融洽。

　　其实，只要售楼人员处理得当，这种客户的成交可能性更大。售楼人员不妨告诉客户，公司的价格机制是很严谨的，我们售楼人员并没有给予客户价格优惠的权限，如果真的能优惠，我肯定会给您的，这样我还能多点业绩。一般情况下，只要话说得委婉点，客户都会接受的，而且客户心里也觉得平衡，因为这样大家的价格都差不多，而不会因为没关系就买贵了。如果售楼人员的确有一定的折扣权限，当客户一再坚持要求更多折扣时，售楼人员也不能轻易答应，要让客户觉得拿到这些折扣是非常不容易的，从而促使他在得到一定优惠之后就会做出购买决定。

正确应对示例1

　　客　　户："我有个朋友是开发商的一个经理，我只是不想麻烦他而已。你就多给点折扣吧，"

　　售楼人员："杨先生，真羡慕你们，成功人士的身边都是成功人士，不像我们，在一起的朋友也都是打工的。您放心吧，我给您的这个价格已经是最优惠的了。这不，前几天一个副总的朋友也买了一套楼中楼，价格一样是98折。"

　　客　　户："不可能。"

　　售楼人员："杨先生，这是真的。我们公司的价格机制非常严谨。其实，这也是对客户利益的一种保护，您觉得呢？我们总不能给您98折，给其他客户95折吧，是不是对您不公平？"

正确应对示例2

客　　户："我和开发商的一个经理是朋友，怎么说也得再优惠点吧。我只是不想麻烦他而已，要不我给他打个电话？"

售楼人员："杨先生，您是我们经理的朋友，那价格这方面您大可以放心，我给您的98折已经是公司最优惠的价格。这一点我们开盘前老板就交代过了，价格统一之后，所有人都不能随意更改。我只是售楼人员，更没有权利了。"

客　　户："俗话说事在人为，你不帮我争取，怎么知道行不行呢？"

售楼人员："杨先生，您这有点为难我了。相信您也看过不少楼盘了，应该知道我们这个价格是非常有吸引力，您看旁边那个××楼盘，每平方米均价都到25000元了。"

客　　户："这样吧，我这人很干脆，如果每平方米能再少个100元，我马上就下定金。"

售楼人员："杨先生，我看您也是非常有诚意的，我可以帮您向领导申请一下，看能不能再给您优惠点。先说好哦，我只能尽力为您争取一下，但不能保证哦。"

客　　户："行，你替我多说说好话。"

（表现出万般无奈，让客户觉得自己得到了最优惠的价格。）

售楼人员："杨先生，我跟领导说，您的确非常有诚意，也同意马上下定金，领导才勉强同意再给您每平方米优惠100元。不过领导说了，这个价格要绝对保密，不能让其他客户知道了，否则其他客户非来闹不可。您看您是刷卡还是付现金？"

第五章
促成交易情景演练

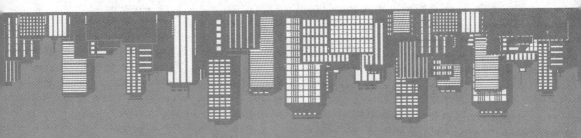

情景一：

我再考虑考虑，过两天再说吧

很多客户在售楼人员要求交定金的时候，都会说"我再考虑考虑，过两天再说吧"。应该说，这是售楼过程中的一种正常现象，售楼人员没必要为此感到灰心。但是，如果真的就此相信客户的话，放任客户自己"考虑考虑"，那么很可能煮熟的鸭子就飞走了。对此，该如何做才更好呢？

错误应对

1. 这套房子已经很不错了，还需要考虑什么呢？

（**点评**：这样的回答，显得售楼人员有点不耐烦，很容易招致客户的反感，心想"掏钱的不是你，当然不需要再考虑什么了"。）

2. 如果你今天不能交定金，很可能这套房子就会被买走了，到时想买也买不到了。

（**点评**：没错，话说得实在。不过如今这种说法已经泛滥了，客户都知道售楼人员惯用这种手法，反而会让客户更不相信你。）

3. 如果您今天就能交定金的话，我可以向经理申请看看能不能给您优惠一点。

（**点评**：如果这样，那么眼看已经快达成的协议又会节外生枝。客户听到这种话，首先就会想"看来这价格还有很多水分"。如此，你将又回到与客户讨价还价的原点。并且，这次客户的要求肯定更高。）

情景解析

事实上，应该承认，当售楼人员要求客户交定金时，客户回答说"还要再考虑考虑"是非常正常的。毕竟，买房不像买菜买衣服，普通百姓买一套房子可不容易，买一件衣服不满意大不了扔了，可惜几天，但买一套房子如果不满意想要再退再换都是没那么容易的。

一般来说，客户表示要再考虑考虑，起码说明他对房子已经产生了初步的兴趣，只是由于某些原因而无法马上下决心交定金，比如，虽然对楼盘已经基本满意，但还是怕自己是个外行，或者担心自己是不是太冲动了，这样做出的购买决策会不会让自己今后后悔；或者虽然对楼盘大致的情况基本满意，但却对真正交易起来的一些细节存有疑问，只是碍于面子或其他因素不好说出来而已，比如担心会不会一倒霉遇上个不良开发商，会不会因为有些费用没计算好导致到时还要到处筹钱等。

既然客户提出要"再考虑考虑"是正常的，那么售楼人员也就没有必要为此而灰心或者过于急迫。当然了，就此放任客户自行去考虑也是不行的，因为客户此时对楼盘还没有决定购买，如果放任客户去考虑，自己却静候佳音，一般是得不到好的结果的，很可能会导致客户做出购买其他楼盘的决定。此时，首先要做的是先梳理一下与客户沟通洽谈的整个流程，分析一下客户之所以还不能就此做出购买决定的真正原因，然后据此采取相应的策略，最好是能够"趁热打铁"，以提升销售成功的概率。

如果确实无法判断客户为什么还要再考虑考虑，那么不妨直接询问客户。需要注意的是，在询问客户原因的时候，售楼人员应站在客户的立场上，认同客户此时的心理，对客户表示理解，这样有助于降低客户的心理防线，引导客户大胆说出来，而后针对客户的问题提供解决的办法。

- 礼貌地询问客户还要考虑什么，让客户把他心中的疑虑说出来，以便对症下药，加点火候。
- 探寻出客户的疑虑后，你就要再作一次重点陈述，努力消除客户的异议。
- 与客户共同解决问题。如果你轻易答应了客户"再考虑一下"的要求，而不去探寻客户到底要考虑什么问题，就相当于是让客户自己去独立解决问题、独立决定是否购买。虽然说，购买与否的最终决定权确实是掌握在客户手里，但是如果你能够帮助客户解决疑虑，必定会影响客户的购买。

正确应对示例 1

客　　户："我再考虑考虑，过两天再说吧。"

售楼人员："王先生，不瞒您说，这次推出的优惠房源就剩下这几套了，而且这两天一直都有很多客户来参观。您刚刚也看到一下就有两位客户去交定金了，按目前的房价，能以这样的优惠价买到这么优质的房子，是非常少有的好机会。您就别犹豫啦！"

正确应对示例 2

客　　户："我再考虑考虑，过两天再说吧。"

售楼人员："王先生，我能理解您的想法。其实，我们房子的配套设施和户型设计您也都清楚，我就不多加介绍了。之前您说过工作的地方就在附近，如果您拥有了这套房子，就可以走路去上班，再也不用忍受挤公交的痛苦了。时间充裕的话，上班之前还能晨跑锻炼一下，或者在家吃个早饭。这样的环境住得才比较舒服，工作那么辛苦也值得了。"

正确应对示例 3

客　　户："我再考虑考虑，过两天再说吧。"

售楼人员："好极了！想考虑一下就表示您有兴趣，对不对，王先生？"

客　　户："兴趣肯定有，要不就不用和你谈那么长时间了。不过我还是觉得你们的价格有点贵。"

售楼人员："嗯，王先生，我能理解您的想法。现在的房价确实高，所以即使我们楼盘给了再多的优惠，大家都还是觉得贵。问题是，我们不能就此比较，如果拿我们楼盘与其他楼盘对比，您就会发现这个价格事实上并不高，是吧？"

客　　户："我没说你们的价格高。我只是觉得现在的房价确实高得离谱，所以心里总是慌慌的。"

情景二：

我还要和家人再商量商量

在售楼人员要求客户交定金的时候，有些客户会表示"要回家同太太 / 父母 / 家人商量一下再决定"。据一份调查显示，客户表示要回家和家人商量，其实大多是故意找借口推迟购买的意思，只有 10% 的客户是真的要回去商量后再做决定的。那么，面对客户的推托，售楼人员要如何进行"沟通"呢？

错误应对

1. 好啊，你们商量好了再来吧。

（**点评**：不管客户是不是真的要和家人商量商量，如此放任客户自行去决定，很有可能会就此失去一次交易机会。）

2. 好房子是不等人的，等商量好了就不一定买得到了。

（**点评**：话是没错，可能客户商量好了决定要买了，这套房子已经被别人买走了。但如此直白，客户却不一定会相信你。甚至，有些客户会认为你如此着急让他交定金，是不是中间有什么猫腻，从而会让其更小心谨慎，拖延决策的时间。）

3. 您是一家之主，还需要和家人商量什么呢。

（**点评**：如果客户是非常尊重家人的人，你这样无视家人的意见，肯定会对你产生反感，认为你功利性太强。）

情景解析

当客户提出要和家人商量商量再做决定的理由时，通常会有以下几种可能：一是以此为挡箭牌，好推迟时间再作打算；二是担心自己一个人决定太过轻率，需要与家人一同商议之后再做决定；三则是此次购买并不是自己一个人可以决定的，需要征求家中多位成员的意见。

面对这种状况，售楼人员首先要考虑客户这么做的理由，并要对客户的做法表示理解，再通过询问或者其他方式了解客户的真实想法和原因。假如客户是有决策权，只是想要回去与家人商议，那么售楼人员可以尝试以户型畅销、条件优越等理由尽量让客户趁早做决定；假如客户并不是单独的决策人或者说没有决策权，那么同样也可以向客户传达房屋畅销的紧迫感，促使其尽快和家人商议决定或者尽早带决策人一同前来交付定金；而如果客户仅仅是以此为挡箭牌，想要推迟购买或者得到一些优惠的话，售楼人员可以在允许范围内适当做一些退让或允诺，促使其能够立即做出决定。

不管实际出于哪种情况，当客户甩出这种说辞时，最有效的方法就是让对方先下定金，不管定金数额多少，只要客户下了定金，他反悔的概率就小很多了。

正确应对示例 1

客　　户："我还要和家人再商量商量。"

售楼人员："刘先生，您生意做得这么好，事业又这么成功，太太肯定相信您的眼光，您买了，太太肯定会满意、喜欢的。"

正确应对示例 2

客　　户："我还要和家人再商量商量。"

售楼人员："刘先生，您还要跟谁商量呢？刚刚和您交谈我就看得出来，十个男人也没有一个像您这么有主见的，看您的气度、气质，听听您的谈吐，就知道您是一个有魄力的成功人士。再说，您商量什么呢？这么样的地段，这么好的环境，这么低的价格，还能让孩子就读名校……您做生意这么成功，一定比我更清楚生意场上的决策必须果断，否则，时机是稍纵即逝，把机会白白错过。"

客　　户："……"

售楼人员："前几天，我手上的一个客户，看中了11楼的一套三居，我劝他赶紧定下来时，他说要回家去商量，第二天给回话。结果呢，当晚这套房子就被另一个客户看中了，当即签了合同。第二天，他们一家人兴冲冲地带着钱准备来签合同，说很满意那套房，我真不好开口告诉他们，但不说也不行啊，最后他们只好遗憾地选了另一套。刘先生，您每次成功的生意一定离不开当机立断，我看没问题，现在我们来把这套订下来，身份证带了吗？没带没问题，号码告诉我就行。"

正确应对示例 3

客　　户："我还要和家人再商量商量。"

售楼人员："王先生，您可真有孝心。说实话，现在像您这样的孝子不多了。不过我可以肯定，您父母不会同意。为什么？因为您买房子送给他们，父母怎么忍心花儿女这么多钱呢？如果我有您这个能力，我会将房子先买下来，回家后跟父母说"爸、妈，我送给你们一件礼物"。他们肯定会骂您乱花钱，但背后还不知道怎样向左邻右舍炫耀呢。这样做了，于老人延年益寿，因为心情好；于您做儿女的，钱也没白花，既尽了孝心，还可以升值保值，父母百年之后，房子仍是您的，两全其美。王先生，别犹豫了，现在就订下来吧，这样您父母就有套好房子安心养老了。您说呢？"

正确应对示例 4

客　户："我还要和家人再商量商量。"

售楼人员："王先生，买房是大事，肯定应该商量，但说到别人回去商量，我信，但说您我就不信了，您看，您生意做得这么好，事业这么发达，我相信您的夫人一定既漂亮又贤惠，您买这么好的房子送给她，她高兴都来不及啦。再说生意是您做，钱也是您赚，一看您就是有眼光、做事果断的人，您的事业成功之处就在此，抓住了每一个机会。房子既然要买，况且您又喜欢，（您的喜欢就是眼光呀！）首期款又没问题，那您还有什么考虑的呢？我做房地产多年了，不知您所要考虑的能否告诉我，帮您参谋一下，但有的人也因犹豫不决而错过了很多机会，原因是不能当机立断，如果您不买，我肯定是为您可惜，因为谈了这么久，可以说我都是为您着想的，我们可以交个朋友吧！"

情景三：

客户已经产生兴趣，还想再比较比较后做决定

有时候，客户其实已经对楼盘产生了兴趣，却还是想再比较几个楼盘看看然后做决定。应该说，这是很正常的现象，毕竟买房是一件大事，客户肯定要经过慎重考虑才能做出决定。面对客户的这种心理，售楼人员该如何促使客户尽快做出购买决定呢？

错误应对

1. 客户既然想比较就让客户去比较。

（**点评**：这种应对方式太消极，售楼人员应学会掌握整个销售进程，而不是跟着客户走。客户说要比较就觉得无所谓，自己楼盘有优势，客户爱比较就去比较。事实上，每个楼盘都有自己的优缺点，客户在判断时肯定无法去做全面分析，最终是选择越多越不好选择，很可能客户就会选择了其他楼盘，或者客户看中的某套房子被其他售楼人员卖出去了。）

2. 表现得很心急，一直催着客户尽快成交。

（**点评**：尽早成交肯定是每个售楼人员的愿望。问题是，心急吃不了热豆腐，如果你将这种心态表现出来，让客户知道你非常急于成交这一单，无形中就会给销售造成障碍：客户会利用你的这种心理借机压价，或

提出其他额外要求。）

3.打电话给客户，谎称有客户看中了这套房子，要客户赶紧来交定金。

（**点评**：应该说，这种方法是售楼人员经常用的。应该说，这种方法是一种冒险的方法，并不一定就灵验，关键还要看客户的心理和对楼盘的喜爱程度。有可能，客户真的被你"吓唬"到了，很快就做出购买决定；也有可能，客户会觉得你这人太过狡猾，从而将选择的天平倾向了其他楼盘。）

情景解析

客户明明已经动心了，却还是迟迟未能做出购买决定，还想再比较比较看看其他楼盘，这是为什么？通常情况下，客户之所以还想再比较比较，不外乎以下几种原因：

一是这套房子虽然还不错，可是价格太贵了，想看看其他楼盘有没有更便宜的。对于这种情况，售楼人员一定不能轻易让客户长时间地比较，而是要适时地引导客户，让其了解如果自己一再地比较就很容易错失良机。当然了，售楼人员首先要了解客户想再比较看看的对象是哪个楼盘，在获得客户中意楼盘的资料后，对竞争楼盘很明显的优点应加以承认，同时以坦诚的态度告知客户竞争楼盘的一些不足之处。

二是客户希望在做购房决策时谨慎对待，想要做进一步的观察，再比较几套房子，以免过早下决定后悔。对于这种情况，售楼人员应让客户深刻认识到这套房子所能带给他的好处，让客户明白这套房子才是最适合他的。因此，售楼人员应紧紧抓住客户最为重要的关注点，并将楼盘的卖点与客户的关注点结合起来，以促使客户尽快下定购买决心。

三是客户在观望市场行情，还没有准备出手。对于这种情况，售楼人员应站在专业的角度上，让客户明白此时出手的时机是适合的，同时适当地采取一些手法。

正确应对示例 1

客　户："我再比较比较看看吧。"

售楼人员："王先生，看得出来您挺喜欢这套房子的。您还想再比较，是不是您在其他地方有看到中意的房子？"（直接向客户探询原因。）

客　户："不瞒你说，我前天在其他楼盘也看过一套房子，和这套差不多，我想多比较比较再决定。"

售楼人员："方便说说是哪个楼盘的吗？"

客　户："×× 小区，12 楼，也是三室两厅的。其他都还不错，就是小区有点小。"

售楼人员："嗯，应该说，×× 小区那边的地理位置也不错，挺繁华的，交通也方便的，那里的三室户型我也看过，挺方正的。正如您所说的，那个小区确实小了点，只有五栋楼。小社区在绿化方面确实要差不少，缺少一些活动空间。像您家里有小孩，还是找个大社区的好，可以经常带小孩到户外活动活动，和其他小朋友经常玩玩。"（坦诚地向客户表示竞争楼盘的优缺点，当然重点是房子的缺点。）

客　户："是的，我也是这么想的，所以当时就没马上定。"

售楼人员："王先生，针对您的情况，我个人觉得这套房子更适合您，楼层好，户型方正，南北通透，而且还是个大社区，环境非常不错。"

客　户："是的，从小区环境来说，你们的确实更好。就是不知道价格方面能不能再优惠点？"

售楼人员："王先生，这个价格已经非常实惠了。这样吧，我看您也确实非常有诚意要买，如果您今天就能交定金的话，我帮您再向经理申请一下，看看能不能多送您一年物业管理费。这可是只有我们楼盘的老客户才享受得到的。"

客　　户："那也行。"

正确应对示例2

售楼人员："王先生，您觉得这套房子怎么样？"（发现客户对房子很满意）

客　　户："嗯，还行。"

售楼人员："那您看定金是交20000元，还是30000元？"

客　　户："不急，我再比较比较。"

售楼人员："王先生，看得出来您挺喜欢这套房子的，您还想再比较，是不是您在其他地方有看到中意的房子？"（直接向客户探询原因）

客　　户："我才看了两个楼盘，想多看几个之后，比较比较再做决定。买房子可是件大事，不能太随便。"

售楼人员："是的，王先生，您说的没错，买房子是件大事，需要谨慎。您刚才也仔细看过了，和您之前看的那套，比较起来怎么样？"

客　　户："嗯，房间的光线比较好，客厅也挺大的。"

售楼人员："是啊，我们这套房子各方面条件都非常好，价格也很实在，很多客户都很感兴趣。买房子谨慎没错，但是很难得能看到一套这么符合自己要求的房子，如果你再去看其他房子，很可能这套房子就会被其他客户抢先一步买走。刚刚您也看到了，我们下楼的时候，另外一个客户上去看房了。"（引导客户权衡两者利弊）

（客户表现出一丝犹豫）

售楼人员："王先生，好房子是不等人的。最近市场成交非常火爆，您看我们楼盘才开盘不到一个月，就剩下没几套了。尤其是我们这一带，不但地段好，交通便利，而且周边商场林立，更为重要的是有个好学校，所以房子都非常抢手。"

客　　户："算了，我也懒得再看了。那就这样定了吧。"

正确应对示例3

　　客　　户："我再比较比较看看。"

　　售楼人员："王先生，不管您是否买我们的房，我的话都已经讲到了。说实话，您觉得行就买，不行就去比较。但我可以自信说一句，只要您是真正想买房，最终还是会到我们这里来，在我们这买了房的很多客户都是这样比较来比较去，最终还是觉得我们这儿好。"

正确应对示例4

　　客　　户："我再比较比较看看。"

　　售楼人员："王先生，买房子如同买衣服一样，这件料子好可价太高，那件价格适中，可惜式样又没这件新颖，选来选去难满意，但总得买吧！其实呢，买什么都不能十全十美，主要看您侧重点在哪个方面，就说买房子吧，您想要厅很完整，那么它的厕所、厨房有不如意的地方，您想要房型朝向很好吧，那么它的厅又不能如您的意……"

情景四：

客户看上去已经动心了，但不知为何还是犹豫不决

　　在售楼中，经常会有这样的情况：客户看上去已经动心了，但不知为何却还在犹豫不决。对此，售楼人员该如何做呢？

错误应对

　　1. 不着急，既然已经动心了，肯定会买的。

　　（**点评**：这样消极等待，通常结果就是客户买了别的楼盘。或者，即使客户最终还是通过你买了房子，可能也多浪费了你不少精力，从而影响了你的业绩。）

　　2. 苦苦逼客户交定金。

　　（**点评**：说服客户交定金是必需的，但不讲究方式方法，只会适得其反，反而让客户更小心谨慎，不敢早点做出决定。）

情景解析

　　没有促成就没有交易，促成是交易的前提。要等客户主动跟你说"我决定购买这套了"，就像让粮食自动跑到粮仓、让猎物自动撞树而死一样

难。正如乔·吉拉德所说的："争取成交就像求婚，不能太直接，但你必须主动。"成交需要售楼人员的主动。不主动提出成交要求，就等于你瞄准了猎物却没有扣动扳机。

在客户下定购买决心之前，总会有一个最后、最激烈同时也是最容易受客观因素影响的思想斗争。也就是说，客户在做最后的购买决定时，往往会由于某些方面的顾虑，而表现出犹豫不决的态度，这时，他就需要借助他人的意见，以促使自己下决心。在这个抉择性的时刻，旁人以及售楼人员的言行都会对客户的决定产生重大的影响。因此，售楼人员千万不能采取"悉听客便"的坐等态度，一旦时机成熟，就应主动建议客户购买，以促使客户下定购买决心。记住：我们不能被动地等候客户说购买，而是要主动建议客户购买。

1. 提醒客户需求

客户购买的出发点是他有需求，而且楼盘的各项素质能满足客户的需求。有时候，客户虽然已经表现出了一定的购买意向，但是他们可能仍然还有些犹豫。这时，售楼人员可以委婉地提醒客户的需求，比如：

- "买了这里的房子后，您儿子就可以入读实验小学了……"
- "这么安静的小区对您的父母安享晚年是非常有好处的……"
- "区政府一搬过来，将来这里肯定很繁华，到时您一转手就可以挣几十万元了……"

记住，在提醒客户需求的时候，售楼人员要力求抓住客户最关心的问题，以达到事半功倍的效果。

2. 增强客户信心

在临近成交的最后时刻，客户通常需要售楼人员帮助他下定购买决心。在这关键时刻，售楼人员必须让客户充分了解购买这里的房子能为他们带来什么利益，最好能够强化客户特别满意的那方面优势，以增强客户的购买信心。

要记住，优点并不等于利益，关键是要把楼盘的利益与客户的需求相结合，让客户相信此次购买行为是非常明智的决定。比如：

- "您看看，住在这个小区有××企业的杨总、××大学的张教授……"
- "先生，您可真有眼光，目前小两居是市场上最紧俏的，前天有个炒房客也是一下子就买了五套小两居……"
- "我们是大型国企开发商，实力雄厚，建筑质量绝对有保障，像××花园、××山庄等都是我们开发的，相信这些小区的情况您也有所了解……"

3.巧妙地试探询问

建议客户购买，最好不要采取赤裸裸的形式，避免用那些诸如"我们现在就把合同签了吧"之类的令客户比较敏感的商业性语言去催促客户成交。因为这些做法会引起客户的不满，很可能会使最终结果与你的交易目的背道而驰。

"试探"是一个比较合理的建议客户购买的方式，它让客户更容易接受售楼人员的建议。只要你认为客户对你的楼盘已经产生兴趣，你便可以试探性地建议客户成交。如果客户还没有决定要买，他是会明白地告诉你的，这样可以使自己不至于错失良机。比如：

- "定金您是要刷卡还是付现金？"
- "您想办十五年按揭还是二十年按揭？"
- "来，我们到那边财务室交一下定金。"

4. 引导客户做决定

犹豫是购买的正常现象。但是，作为售楼人员，我们不能等待客户无止境地犹豫下去，对于一些没有主见、摇摆不定的客户，我们可以大胆地建议客户购买，以结束销售。

引导客户作决定时，应使用一些诸如"我觉得……""我认为……"较为委婉的语言，以一种建议的口吻去帮助客户做决定，以消除客户的警戒心理。

需要注意，引导客户购买不是让你替客户拿主意，更不是让你替客户承担决策责任。否则，真正出现了问题，你承担得起吗？即使客户不追究你，你起码也会因此失去客户的信任。因此，在帮客户做决定时，售楼人员不能说出"相信我一定没错""听我的，这一套真的很不错"这样绝对化的语言，而应该说"我建议……""如果我是您的话……"，以一种建议的口吻去帮助客户做决定。

正确应对示例

售楼人员："张老板，您是个生意人，我现在照实分析一下，听了再衡量购买这套房子值不值，好吗？"

客　　户："你说。"

售楼人员："第一，您说过准备明年2月份结婚，我们楼盘是今年11月份完工，您根本不需要担心工期问题，完全有足够的时间装修。第二，现在正是我们的促销优惠期，如果现在不买，很可能房价又涨了。第三，这里离您上班的地方很近，不用每天起早贪黑了，省下了不少宝贵的休息时间。就从这些情况来看，我觉得您现在买这套房子是最明智的选择了。"

　　点评：这是"富兰克林成交法"，它是由美国著名政治家富兰克林提出的，其核心内容是：销售人员把客户购买产品所能得到的好处和不购买产品的不利之处一条一条地列出，用列举事实的方法增强说服力。它简单明确，并且容易理解，是销售人员成功销售的良好工具。

　　使用这种方法，就是要把向客户购买楼盘所得到的好处以及不购买楼盘的缺憾全呈现在客户面前，促使客户坚定购买想法，下决心购买。这一招尤其适用于较为理智的客户，他们会认为我们只是在列举事实，没有吹嘘夸耀的成分，说服力较强。

情景五：

客户拖家带口前来看房，大家意见不统一

买房是一件大事，很多人在看房的时候通常是拖家带口的。像这样的客户，如果意见统一那还好办，如果意见不统一，又该如何应对呢？

错误应对

1.抓住认为最重要的人，进行重点说服。

（**点评**：谁是最重要的人？售楼人员能分得清吗？）

2.重点说服使用者。

（**点评**：这样做的前提是使用者有购买决策权，否则需要重点说服的还有具有决策权的人。）

3.抓住掏钱的人。

（**点评**：一般情况下，掏钱的人就是做决策的人，但有些客户买房是送给父母或者儿女的，他们往往以住房使用者的意见做决策。当然，掏钱的人不可小视，毕竟掌握了经济命脉的人说话还是有一定分量的。）

情景解析

　　购房毕竟不是件小事，客户有时不是只身一人前来看房，而是带上家人一同前来。你可千万不能忽略这些人，他们即使不能替客户做购买决定，也能影响甚至左右客户的购买意愿，从而干扰我们的售楼活动。

　　当客户携家带口的一大堆人一起前来洽谈看房时，有的售楼人员看了这阵势就心虚，认为这种客户最难对付，通常是一家几口人七嘴八舌的，不知所云，更不知该听哪个的意见好。其实，这种客户并不难对付，只要你用心去观察，用心去体会。而且，这种客户基本上都是购买诚意非常高的客户。

　　接待此类客户，最关键的是要找到真正的"购买决策人"。要准确判断出此决策人，关键是先清楚他们购房的目的，是自己住，还是给父母住，或者是要送给儿女。如今房价很高，买房的资金绝对不是一笔小数目，因此售楼人员还要搞清楚谁是买单的那个人，毕竟掌握了经济命脉的人说话还是有很大分量的，即使买单的人不是为了自己住。

　　一般情况下，家中的顶梁柱通常是"幕后家长"（可不一定是真正的家长哦），他们是最有决策权的。当然，在某些时候，老人、孩子也是有决策权的，这就需要根据他们的购房目的判断了：是为了儿女，还是为了父母亲养老？这个日后房子的真正受益者就是那个"幕后家长"，他就是最有发言权的人。

　　当然，有些一大家子一起来看房的客户，其购房目的是为了"几代同堂"或建立一个"三口之家"。这时，如果你发现里面有一个拥有绝对权威的人物，那么这个人就是决策人物，他的意见是举足轻重的；此外，你也不能忽视其他家庭成员的意见，虽然他们的意见不是决定性的，但他们会影响决策人的意见。为此，在这种情形下，你最好能够全面考虑整个家庭所有成员的意见，并主攻"决策人"。

此外，在客户一家人意见不够统一的情况下，售楼人员最好能为自己找一个"同盟"，改变势单力薄的不利局面。即先博得一方的好感，然后利用这个人去说服尚处于犹豫中的其他人。

正确应对示例 1

人物设定：张先生（掏钱者）、张先生父亲（决策者兼使用者）

售楼人员："张叔叔，您的儿子上次来看过这套房子后，觉得很满意，非常喜欢，不知道您看了以后觉得如何？"

张父亲："嗯，看起来是还不错，就是楼层高了点，我们老人家还是住低楼层的好。"

售楼人员："张叔叔，您看起来不到 50 岁吧？"

张父亲："哪里啊，我已经快 60 岁了。"

售楼人员："不会吧，张叔叔，您的年龄和我父亲差不多，但看起来比我父亲年轻好多，瞧您面色多红润。您保养得真好。听说您以前是在政府机关上班的，马上要退休了，来厦门养老真的是非常合适的，毕竟厦门是花园城市，环境好。"

张父亲："小姑娘，你可真会说话。不过厦门环境是不错，儿子儿媳孙子又都在这，所以他们就想在边上也给我们买一套，住得近互相有个照顾。"

售楼人员："是呀，一家人住得近，多方便啊。您儿子可真有出息，能给父母亲买这么漂亮的房子，像我，都不好意思说了，到现在自己也还没买房呢。"

张父亲："小姑娘，你还年轻，有的是机会。你们有没有楼层低一点的？"

售楼人员："张叔叔，楼层低的房子也有，不过我还是建议你们买这一套。去年，我父亲的一个同学也来厦门买房，也是觉得老人家住在低楼层的好。结果，前些天他把去年买的那套房子给卖了，又到我们这边买了一套16楼的。为什么呢？因为厦门是个岛，空气比较潮湿，尤其是春天的时候容易返潮。何况，现在的房子都有电梯，也不用爬楼梯，所以还是高楼层的好。"（转向张先生）"张先生，您觉得我说的有没道理？年初我从老家刚回厦门，发现家里地板湿漉漉的，好不舒服。"

张父亲："嗯，是的，爸，小王说的没错，厦门太容易返潮了，还是高楼层的好。"

张父亲："这样呀，那还是高点的好。天气潮湿，我的关节炎会更难受的。"

售楼人员："嗯，张叔叔，高楼层不但不会那么潮湿，而且站得高看得远，像这套18层的，可以看山看海，景色可美了。"

张父亲："那好吧，就听我儿子的，就这一套吧。"

正确应对示例2

售楼人员："张叔叔，您的儿子上次来看过这套房子后，觉得很满意，非常喜欢，不知道您看了以后觉得如何？"

张父亲："嗯，看起来是还不错，只是面积太大了，总价超出我们的预算了。"

售楼人员："张叔叔，上次您儿子也提过，说你们过两年就退休了，是吧？"

张父亲："嗯，是的。"

售楼人员："张叔叔，退休后您也会经常来这边看看儿子吧？更何况，您儿子也说明年就准备要小孩了，有了小孩，总得有人照看孩子的，那样房子就要大点了。"

张父亲："话是这么说没错，可我们预算只有150万元，超过这么多，我们没办法啊。"

　　售楼人员："其实，张先生还年轻，如果预算无法一次到位的话，可以考虑按揭贷款啊。现在的年轻人都是这么做的，等几年后经济宽裕了，再一次性付清，这样生活压力就会减轻很多。"

　　张父亲："我只能拿出这么多钱，这个你得问他。"

　　售楼人员："张先生，要不这样，我现在就帮您计算一下，做七成十五年按揭，看看能不能解决这个问题？其实以您目前的经济实力，应该是完全没有问题的，您说呢？"（参谋提出异议时不要反驳，在无法赞美的情况下，可适当忽视，继续征求决策人的意见。）

情景六：

客户带着朋友一起看房，担心客户受朋友影响

除了带家人，带朋友一起看房的客户也不少。同样，售楼人员要注意排除客户朋友这个"外人"的影响，甚至让客户朋友站在自己这一边，帮助客户尽快做出购买决定。

错误应对

1. 对陪同看房的朋友不予理睬，重点照顾客户本人。

（**点评**：虽然客户本人才是真正的购房者，但既然客户会带朋友前来一起看房，就说明这个朋友的意见会对其购房决定产生一定的影响。因此，如果忽视了陪同的朋友，就会导致陪同的朋友制造"购买障碍"。）

2. 对陪同看房的朋友十分热情，对其意见非常重视。

（**点评**：对客户的陪同看房的朋友是要热情，对其意见也要重视，但要注意引导这个朋友的意见，否则如果客户与其朋友意见不统一，那就只会让客户更加难以做出购买决定。）

情景解析

通常情况下，客户能够带朋友来一起看房，说明他的这位朋友应该

还是懂一点房地产的，最起码他买过房。无论如何，既然客户请他做参谋，那么他的意见对于客户的购买决定是会产生一定影响的。为此，售楼人员在重点说服客户的同时，千万不能怠慢了他身边的"参谋"。

一个最好的方法，就是给足这位"参谋"面子，夸赞他，比如，"看来，您的朋友真是位专家""我从来没有碰到那么懂房产的人"。即使他的意见不是完全正确甚至是不懂装懂，你也不要毫不留情地揭穿他，而是要给他留足面子。这样，他才会对你有好感，才不会破坏你的售楼活动。

谁都喜欢被赞美。相信只要给足客户朋友的面子，适时地吹捧一下他，他是不会太为难售楼人员的。当然了，有些人喜欢不懂装懂，了解一点儿皮毛就说三道四。虽然这些人很让人讨厌，但是售楼人员也不能毫不留情地揭穿他，而是要给他留足面子。这样他才会对你有好感，才不会破坏你的售楼活动。

对于朋友结伴前来看房的，售楼人员还可以通过两个小方法来判断谁是决策者（当然，这些方法不是绝对有效的，只能起到辅助作用，关键还是要靠售楼人员在与客户洽谈时去探询真实情况）：

第一，通过观察两人的距离、说话的亲密程度及肢体语言等，看看他们的关系是否足够亲密。亲密的好友往往拥有一定的参与决策权，最起码其意见也是具有较大影响力的，而且因为关系亲密，他也比较敢提意见，从而影响购买者的决策；如果关系不够亲密，比如只是普通朋友或一般的同学、同事关系，那这个随同者可能只是陪衬而已，购买者拥有独立的决策权，而且由于关系不够亲密，他们通常不会对购买者大胆提出反对意见，说话分量不足。

第二，看他们之间所处的位置，一个基本原则是：两人行，左边为尊；三人或三人以上平行，注意中间。根据心理学家的分析，在群体同行时，人们往往会有意识无意识地把最重要、最有影响力的人放在固定的位置上：两人同行，具有影响力的人通常是走左边；三人同行（平行走），那个较为重要的人物一般是在中间；如果三人不是平行走，那么走在后面的，一般是他们的中心人物。

正确应对示例

（客户张先生带着一个朋友陈先生前来看房）

售楼人员："张先生，这套房子很不错吧。"

（客户张先生转过头来问他朋友。）

张先生："您觉得怎么样？"

陈先生："别的还好，就是只有一个卫生间不太方便。"

张先生："是啊，一个卫生间的确不够方便，也不够卫生。"

（售楼人员一看到这阵势，就知道陈先生的话对客户是否购买有很大的影响。）

售楼人员："陈先生，您对房子可真够专业的，难怪张先生会请您帮忙看房。您说得没错，只有一个卫生间的确不太方便。不过，我们只要稍微改动一下，就可以变一个卫生间为两个卫生间了。陈先生，您说是吧？"

陈先生："是的。张华，您看，这套房子是框架结构，这堵隔墙是可以拆除的。而这个卫生间那么大，完全是可以改为两个卫生间的。"

张先生："哦，对啊。"

售楼人员："张先生，您这朋友真是位专家，请他来帮忙看房肯定不会看走眼的。您看这么一改，就不会有什么问题了。"

张先生："那当然，他可是室内设计师，要不我请他来干吗呢。"

售楼人员："原来陈先生是室内设计师啊。不知道陈先生能否给我张名片，我这边经常会有客户买了房子要装修，让我帮忙推荐设计师和装修公司。"

陈先生："当然可以了，这是我的名片。"

售楼人员："谢谢，以后碰到客户有需要，我就让他们给您打电话了哦。您看这套房子还有什么问题吗？"

陈先生："我觉得还不错。张华，您看呢？"

张先生："嗯，我觉得也还可以，比前两套好多了。"

情景七：

客户带着律师前来签协议，担心律师从中作梗

一些较为谨慎的客户，在准备签合同时，通常会带着律师同来，让律师帮忙把把关。对此，售楼人员该如何应对呢？

错误应对

1.处处提防着律师，一旦发现他说的话对签订合同不利，马上制止。

（**点评**：售楼人员越制止律师的话，越容易让客户产生怀疑。）

2.担心得罪律师，觉得他是专家就什么都是对的。

（**点评**：在法律方面，律师就是专家，最好给予其应有的尊重，但是也不用过于心虚，被律师牵着鼻子走，这样不仅无法顺利完成交易，还可能受律师感染，给交易造成阻碍。）

情景解析

当客户带着一名律师出现在售楼人员面前的时候，千万不要紧张。买房尤其是买期房风险很大，一些客户为了避免风险，会带着律师前来助阵，尤其是打算签合同的时候。

　　律师或许对房子条件的好坏没有多少发言权，但是在手续办理、银行借贷方面，他们是专家，甚至比售楼人员懂得多得多。他们或多或少会有一些优越感，往往会对某些方面指手画脚，不要对他们表示不满，而应给予足够的尊重。但是，也不要以为律师说的就是正确的，更不要被他们牵着鼻子走。只要依照流程办事，把握住合同的原则方向，就大可不必担心律师的干扰。

　　每个人都有虚荣心，律师也不例外。为了避免律师过多地影响客户的购买决定，售楼人员最好能虚心听取他们的意见，对其专业性表示钦佩，比如"您这么一指点，让我学到不少东西"。但也不能过分示弱，把我们的立场告诉他"为了确保公平，我们既要保证你们的利益，也要确保我们开发商的利益"。既然要满足他的虚荣心，表明立场之后，可以请教他："依您看，您认为我们应如何修改才能更好地保证双方的利益呢？"

正确应对示例

　　客　　户："小陈，我来介绍一下，这位是王律师，水平很高的。"

　　售楼人员："王律师，您好！您可真厉害，以前上学时我一直想上法学院，可惜考不上。不知以后如果还有客户想请律师或咨询法律方面的问题，我能否打电话给您，请您帮忙？这是我的名片，您能也给我张名片吗？"（以为其提供客户为由，让其等会儿嘴下留情。）

情景八：

客户带风水先生一起看房，担心风水先生"搅局"

有些客户在看房的时候会带着风水先生前来。可以这么说，既然客户会带风水先生同来，说明该客户很信奉风水，风水先生的意见对其购买决策有着决定性的影响。对此，售楼人员该如何应对这种不利场景呢？

错误应对

1. 顺其自然，把风水先生当做客户的朋友来接待。

（**点评**：与朋友不一样，客户既然带风水先生同来看房，说明他非常信奉风水，风水先生的意见比其朋友的意见要重要得多。售楼人员如果对此没有充分思想准备，很有可能会被风水先生破坏了交易。）

2. 处处提防着风水先生，一旦发现他说的话对销售不利，便立即制止。

（**点评**：对于风水先生，防范更为重要，制止是没用的。因为客户既然相信风水，他宁愿相信风水先生也不相信你。）

3. 向客户灌输科学思想。

（**点评**：客户既然带了风水先生前来，说明他是非常重视风水的，这种时候，向他灌输科学思想，客户不仅不会认可你，反而会对你产生不满。）

理论链接

在我国民间,将风水术多称为"风水",而把从事此职业者称为"风水先生"。现在的人买房越来越讲究风水,尤其是有钱的客户更相信风水。只要在网页搜索栏里输入"风水先生",出来的大部分都是请风水先生看房的信息。

如果客户带了位风水先生来看房,千万要提高警惕,风水先生的意见对客户的购买决定影响很大。对于风水这种东西,通常是"信则有,不信则无",既然客户会把风水先生带来,他肯定对这一块非常重视,如果售楼人员不识趣地跟他灌输科学思想,是完全没有意义的,还可能因此得罪风水先生,风水先生只要说几句"不宜人居""对前途不利""冲煞"等让人不安的话,这单生意就可能告吹。

对风水先生,单纯地吹捧是没有多少效用的,只要记住,风水先生也是个生意人,所有问题就可迎刃而解。大家都是生意人,都是想赚钱,如果售楼人员能借机告诉他,你会为他推荐生意,他还会为难你吗?

正确应对示例 1

客　　户:"这位是昨天我和你提过的叶大师。"

售楼人员:"叶大师,您好!早就听王先生提起过您的大名,王先生一直夸您厉害。要是我能早些认识您就好了,前几天也有两个客户来看房,可他们就是找不到看风水的大师,说要看过风水才敢买。不知以后要是有客户想看风水,能否打电话给您,请您帮忙?"

风水先生:"没问题,这是我的名片。"

正确应对示例 2

　　客　　户："小陈，我来介绍一下，这位是昨天我和你提过的汪大师。走吧，我们一起去看看那套房子。"

　　售楼人员："汪大师，您好！早就听刘先生提起您的大名，久仰久仰！要是早点认识您就好了，上个月有个客户来看房，可是找不到看风水的大师，说一定要看过才敢买。以后要是客户有这方面需求，我能否打电话给您，请您帮忙？这是我的名片，您能也给我张名片吗？"（以为其提供客户为由，让其等会儿嘴下留情。）

[1] 陈信科. 商品房销售超级训练手册 [M]. 北京: 人民邮电出版社, 2012.

[2] 周帆. 房子就该这样卖 [M]. 北京: 机械工业出版社, 2010.

[3] 王宏. 房产销售人员超级口才训练 [M]. 北京: 人民邮电出版社, 2010.

[4] 陈飚. 房地产销售沟通技巧大全集 [M]. 北京: 化学工业出版社, 2011.